헤드헌팅 라이브

미래를 잇다

HEAD
HUNTING

헤드헌팅 라이브

미래를 잇다

심숙경 지음

.LIVE

추천사

〰

정갑영 (한국생산성본부 상임고문, 유니세프한국위원회 회장, 연세대 17대 총장)

국내뿐만 아니라, 전 세계적으로 많은 인재를 확보하고 있는 미국과 유럽의 혁신기업들의 현장을 꾸준히 학습해온 저자는 이 책에서 어떻게 기업과 인재가 매칭되고 경쟁력을 갖추는지를 보여준다. 신기술이 새로운 시장을 만들고, 이러한 시장에서 능력을 갖춘, 전문가인 미들맨들의 삶을 '헤드헌터'라는 직업세계를 통해 생생하게 알려준다. 인재영입에 고민이 있는 기업인은 물론이고 채용과 일에 대해 관심 있는 분들이라면 일독을 권하고 싶은 책이다.

김재우 (한국코칭협회명예회장 / <지금 다시 시작할 수 있다> 저자)

저자는 기업들이 인재를 Human Resources로 인식하던 시대에서 Human Capital로 변해 온 시대적 환경적 상황을 설명하고 있다. 팬데믹, VUCA 즉 변동성, 불확실성, 복잡성, 모호성을 헤쳐 나가야 하기 때문이다. 항상 Why라고 질문하는 인재, 경영환경이 급변하는 것을 읽고 익숙한 것들을 버릴 수 있는 인재, 그리고 휴먼 캐피털이 필요한 시대의 기업들에게 딱 필요한 책이다.

조영탁 (휴넷 대표이사)

불타는 열정, 강력한 추진력, 고객에의 헌신. 저자를 생각하면 떠오르는 3대 키워드입니다. 이 3가지 강점을 바탕으로 20년 가까이 수행해온 헤드헌팅 사업에서 놀라운 성과를 창출한 저자는 오직 현장에서만 얻을 수 있는 생생한 경험과 지식을 풀어내어 매우 귀중한, 보물 같은 책을 출간했습니다. 헤드헌팅 업계 종사자, 전직을 준비 중인 직장인, 취업 준비생뿐만 아니라, 우리 사회 전반에 걸쳐 큰 도움이 될 것이라 확신합니다.

홍익표 (에이스테크놀로지 대표이사)

출장 중에 원고를 받고 밤새 완독하면서 힘센 자기장을 가진 자석과 같음을 느꼈다. 이 책은 저자의 리크루팅에 대한 현실 인식과 미래 통찰로, 업종을 넘나드는 K-헤드헌터의 일가를 이룰 만한 저서이다. K-Talent들이 K-헤드헌터를 통해 얻을 수 있는 현실 세계의 스토리, 명료한 프로세스와 팁, 전문 지식과 경험을 잘 정리하였다. 저자의 불꽃같은 헌신이 헤드헌터, 기업의 인사 담당자, 프로페셔널 구직자들에게 베스트 프랙티스를 제공할 것이다. 미래를 이을 수 있다. 헌트 할 것인가? 헌팅 당할 것인가? 이어지는 헤드헌터 직무 과정에 대한 라이브를 통하여 K-헤드헌터의 지평을 넓힐 수 있을 것이다.

백진기 (한독 대표이사)

저자는 첼로 연주자이자 지휘자인 장한나와 같은 트랙을 걷고 있다. 저자는 약 7만 시간의 커리어를 가지고 있는 헤드헌터 업계의 무림의 고수Guru이다. 헤드헌터 일에 그치지 않고 후배 양성에까지 영향력원influence circle을 넓히면서 장한나처럼 지휘를 하고 있다. 이 책은 헤드헌터가 갖춰야 하는 역량을 파트별로 체계적으로 알려준다. 나는 약 40년을 인사 업무만 하고 있다. 인사 업무 중 하나가 스태핑staffing이고 헤드헌터가 바로 이것을 전문으로 하는 직업이다. 앞으로 고도화 사회로 갈수록 빛이 날 직업이고 그곳에서, 일과 사람을 연결해 주는 많은 헤드헌터 뒤에서 지휘를 하고 있는 저자를 발견한다.

김종혁 (교수, 전 서울아산병원 기획조정실장/감사실장)

병원은 인재를 기반으로 하는 노동집약 산업이다. 8년간 원내 감사 업무를 하는 동안 문제가 있었던 부서들의 귀착점은 결국 '사람'이었다. 채용에 조직의 운명이 달려 있다는 말을 실감했다. 나름 많은 개선을 통해 우수한 인재 선발에 애를 쓰고 있으나 늘 부족하다는 느낌이다. 이제 의료계도 선진 헤드헌팅을 공부하고 도입해야 할 시점이라 생각한다. 이 책은 '좋은 채용'을 넘어 '위대한 헤드헌팅'에 대한 인사이트를 준다. 일과 사람을 이어 가치를 만드는 업은 가히 예술의 영역이다.

신제구 (서울과학종합대학원 교수 / <리더의 길> 외 저자)

저자는 헤드헌팅 분야의 선구자이자 전문가로서 오랜 경험과 축적된 통찰 그리고 시대를 꿰뚫는 직관으로 헤드헌팅의 표준을 제시하고 있다. 사람과 조직 그리고 현재와 미래의 가치를 잇는 매개 역할의 확산과 진화의 지혜를 면밀하고도 꼼꼼하게 제시한 헤드헌팅 최고의 교과서라고 정의하고 싶다.

이강수 (더존비즈온 사장)

4차산업혁명의 핵심인 디지털 혁신은 직무의 변화를 가져오고 많은 직업을 파괴하고 있다. 이러한 산업현장에 저자가 알려주는 헤드헌터의 인재매칭 기술은 기업의 인사담당자, 구직자 및 기업인들에게 인재전쟁에서의 성공노하우를 배울 수 있는 좋은 안내서가 될 것이다.

최찬욱 (세기아케아 사장)

이 책을 읽으면서, LG화학을 퇴임한 후 구직자로서 냉정한 임원급 채용 프로세스를 경험할 때 매 순간마다 도움을 주었던 헤드헌터 분들에게 감사했던 일이 떠오른다. 이 책은 저자의 헤드헌터 업에 대한 열정과 내공을 생생히 담아 성공적인 헤드헌터를 꿈꾸는 이들에게 실질적인 지침서가 되고, 기업을 찾는 구직자들에게 훌륭한 길잡이가 될 것으로 확신한다.

이의준 (중소기업정책개발원 규제혁신센터장 / <독립 컨설턴트를 꿈꿔라> 저자)

이 책은 '인재 우선'을 실천하는 선도적 기업들에게 어떻게 인재를 발굴하고 매칭하는지를 보여주는 최초의 저서이다. 20년 경력의 헤드헌터로서 저자가 현장에서 쌓은 지식과 경험의 노하우를 제시한 귀한 책이기에 일독을 권하고 싶다.

정운수 (한국거래소 코스닥본부장)

상장기업의 성패는 인재확보에 달려있다고 해도 과언이 아니다. 증권시장은 혼을 담아 산업현장을 분석하고 준비하는 기업만이 성공하는 곳이다. 인재확보 없이 덤벼들었다간 실패는 자명하다. 저자는 인재를 발굴하고 확보할 수 있는 지혜를 이 책에 담았다. 국내외 다양한 업종에서 여러 직무를 경험한 저자의 생생한 현장 감각이 살아있다. 기업과 인재들의 성공을 위해 헤드헌팅의 길라잡이인 이 책을 꼭 읽어보기를 추천한다.

류재섭 (전 한국무역보험공사 상임감사)

이책은 헤드헌터업에 관심있는 분들에게는 초보자부터 전문가까지 누구나 읽을 수 있는 교과서와도 같은 전문서적이다. 헤드헌터란 시간적으로는 과거와 미래를 잇고 일과 사람, 가치와 가치를 연결하여 새로운 가치를 만드는 창의적인 일이다. 그 중심에 저자와 이 책이 있다고 확신한다.

박주상 (BASF 전자재료 글로벌사업개발 담당임원, 전 LGD전략팀장/삼성SDI유럽연구소장)

LGD 재직 시 여러 헤드헌팅사와 일했지만, 우리가 찾던 융합형 인재를 기한 내에 만족스럽게 제시한 곳은 저자가 유일했던 것으로 기억한다. 그리고 재취업 생각이 없던 은퇴하신 선배의 생각을 바꿔 30대 그룹 핵심 계열사의 사장과 그룹 총괄 부회장으로 영전토록 한 이도 저자이다. 이 책은 커리어를 주도적으로 만들어 나가려는 분들에게도 큰 도움이 되리라 생각한다. 과거 어느 때보다 변화의 속도가 빠르고 복잡한 시대에, 멘토 역할을 해 줄 수 있는 헤드헌터를 찾는 것은 선택이 아닌 필수가 되어가고 있다. 인생이라는 항해에서 든든한 조력자를 만나시기를 바란다.

유효영 (전 아모레퍼시픽, 미샤, 데싱디바 CMO)

평범한 직장인에게 커리어란 인생의 큰 그림과 같다. 그 과정에서 어떤 큐레이터를 만나는가에 따라 작품의 가치가 달라진다. 커리어의 전환점에 섰을 때마다 저자와의 인연으로 좋은 기업들과 연결이 되었고, 성공적인 결과를 만들어 낼 수 있었다. 저자는 헤드헌터로서 탁월한 능력을 갖춘 분이라는 '믿음'이 있었는데, 그 막연했던 믿음이 이번 책을 읽으면서 확신을 갖게 되었다. 저자의 업무 노하우가 고스란히 담긴 이 책을 인생의 멋진 그림(커리어)을 그리고 싶은 분들에게 추천한다.

류정 (이마트 인사담당 상무)

저자는 자신의 경험에 이론을 접목해서 국내 최초로 헤드헌터의 직무역량 개발을 위한 교육과정을 운영하고 있을 뿐 아니라, 이번 책을 통해 헤드헌터의 일과 갖춰야 할 전문성을 체계적으로 정리해 냈다. 자신의 다양한 업의 현장을 세분화, 구조화 한 교육과정을 만들고, 그것을 책으로 담을 수 있는 검증된 전문 헤드헌터의 자기 계발서라고도 할 수 있다. 헤드헌터 뿐만 아니라, 모든 직장인에게 일독을 권한다.

이인배 (GS칼텍스 인력개발부문장 상무)

저자가 헤드헌터로 쌓아온 경험과 내공이 담겨 있다. 이 책은 헤드헌터 커리어를 생각하고 있는 사람들뿐만 아니라 우수인재 확보를 고민하고 있는 기업의 HR 담당자들에게도 인재전쟁에서 이기기 위한 전략과 방법을 어떻게 가져가야 할 것인지에 대한 많은 시사점을 던져준다.

이정택 (매일유업 감사윤리경영부문장)

인사쟁이로 26년을 보냈다. 그동안 많은 인재를 채용하여 조직의 혁신을 이끌면서, '어떤 사람을 태울 것인가'를 결정하는 여정을 제대로 해야 한다는 것을 배웠다. 이 책은 헤드헌팅업의 명확한 이해와 경험을 바탕으로 인재채용 과정의 핵심요소를 빠짐없이 정리해 준 채용의 바이블이라 평가된다. C레벨에서 Right People을 선발해야 하는 분, 서치펌과 파트너로 인재채용을 진행하거나 검토하는 조직, 채용담당자, Career Path를 코칭해주시는 분, 그리고 Job을 찾고 있는 모든 분에게 취업의 길을 안내해 주는 도서로 이 책을 권해 드리고 싶다.

박서진 (법무법인 정율, 변호사)

저자가 가지고 있던 서말의 구슬이 드디어 이 책을 통해 하나로 꿰어졌다. 저자의 성공은 기업과 인재에 대한 섬세한 관심과 인간에 대한 따뜻함을 바탕으로 보이지 않는 가치를 찾아내려는 치열한 열정이 함께 했기에 가능했을 것이다. 이 책에는 헤드헌터의 실무를 매우 구체적으로 전하면서도 현장의 디테일함까지를 전달하려는 저자의 일에 대한 자부심과 열정이 곳곳에 깔려있다. 축적된 노하우를 나누고 함께 성장하려는 저자의 진정성을 느낄 수 있는 책으로, 많은 사람들에게 큰 도움이 될 것이라 확신한다.

김일겸 (무늬랩스 대표이사)

이 책은 채용의 과정이 인사담당자와 후보자 모두에게 성공적인 경험이 되게 하는 유용한 팁과 인사이트를 헤드헌터의 관점에서 잘 설명해 주고 있다. 우수한 인재를 찾고 있는 기업의 담당자들과 성공적인 이직을 꿈꾸고 있는 직장인들에게 이 책을 추천한다.

김혜종 (프로매치코리아 대표이사)

이 책은 헤드헌터에게 필요한 역량을 체계적이고 상세하게 잘 알려준다. 특히 많은 사람들이 영업과 마케팅에서 좌절하는 경우가 많은데, Part 02 〈어떻게 고객을 얻는가?〉는 저자의 경험을 바탕으로 영업을 단계별로 체계적이고 쉽게 설명하는 것이 놀랍다. 저자의 외형적으로 보이는 '용기', '과감함' 뒤에는 학습과 도전을 통한 철저한 준비가 있었다는 것을 다시 느끼게 하는 책이다. 헤드헌터뿐만 아니라, 목표를 달성해서 성공하고자 하는 직업인들에게 일독을 권한다.

주홍식 (HR TUBE 대표, 전 스타벅스 인사총괄 / <스타벅스 공간을 팝니다> 저자)

기업은 한정된 인사팀으로 인재를 확보해야 하는 부담이 큰데, '헤드헌터'는 인사담당자의 핵심 외부 파트너라 할 수 있다. 이 책은 국내 헤드헌터의 업을 정의하고 실현하기 위한 대한민국 최고의 헤드헌터라고 확신하는 저자의 인생서다. 기업의 인사 직무로 커리어를 고려하는 구직자, 우수 인재 채용을 물 흐르듯이 수행하고 싶은 기업의 인사담당자, 그리고 기업의 미래를 책임지는 최고의 파트너 '헤드헌터'를 꿈꾸는 모든 분들에게 이 책을 권한다.

헤드헌터, 프로페셔널

나는 헤드헌터이다. 나는 일과 사람을 이어 가치를 만드는 일을 한다. 2004년 9월, 당시만 해도 생소했던 '헤드헌터'라는 직업에 이끌려 이 일을 시작한 지 어느덧 20여 년이 흐르고 있다. 돌이켜 생각해보면 나의 20-30대는 '성공한 커리어'에 대한 남다른 동경심으로 학업과 구직 그리고 취업을 반복했던 도전의 시간이었다.

첫 직장생활은 IT 개발자로 국내 중견기업인 대덕전자에서였다. 다양한 업무를 경험할 수 있었던 안정된 직장이었지만, 마음 속으로 갈망해 왔던 유학을 실행으로 옮긴 건 직장생활 7년차였던 30세가 되던 해였다. 호주라는 낯선 나라에서 낯선 언어로 하는 학업과 생계 활동은 긴장감의 연속이었지만, 그만큼 나의 미래에 대한 기대 또한 컸던 시기였다. 유학 중에도 생활비 마련과 현지 기업 경험을 위한 구직활동은 이어졌다. 온라인에서 수시로 이력서를 접수하고, 또 다른 기업을 찾아 아침 일찍부터 10여장의 이력서를 들고 찾아 나서기도 했다.

여러 차례 구직활동을 하면서 가진 나만의 철학은 '될 때까지 두드린다'였다. 다섯번이나 도전한 끝에 성공했던 애들레이드컨벤션센터^ACC는 아직도 기억에 생생하다. 이렇게 포기하지 않는 내 열정 때문이었을까? 당시 친구들은 나를 'Crazy Julia^(내 영어 별명)'라고 불렀다.

치열한 유학 생활 후에는 생존을 위한 구직 활동이 다시 시작되었다. IT개발자에서 새로운 직무로 취업을 한다는 것도 쉽지 않은 일이었지만 30대 중반이라는 나이도 큰 걸림돌처럼 느껴졌다. 그러나 나는 이 모든 것을 도전의 기회로 보고 자신감 있게 나를 알렸다. 일에 대한 열정이 넘쳤고 무슨 일에서든 일만큼은 남들보다 독보적으로 잘하는 사람이고 싶었다. 컨벤션 기획, 기업교육 영업, 번역 등 여러 직업을 경험한 것도 이 시기다. 나름 높은 성과로 기여하긴 했지만, 딱히 나를 끌어당기는 조직이나 직업을 만나지는 못했다.

'어떤 일을 해야 할까?'에 대한 고민을 하며 구직활동을 이어 나가던 중 여러 명의 헤드헌터를 만나게 되었다. 그리고 그들로부터 잡^Job에 대한 정보를 받아서 지원을 하고 연락을 기다리면서 '헤드헌터'라는 직업에도 호기심을 갖게 되었다. 이 직업에 대해 자세히 알아보고 싶었지만 당시에는 마땅한 정보를 구하기가 쉽지 않았다. 그래서 그들을 직접 만나 헤드헌팅의 현장 이야기를 들으면서, 그 동안의 크고 작은 나의 경험을 살린다면 잘 할 수 있겠다는 생각을 갖게 되었다.

아직도 생생하게 기억에 남아있는 한마디는 '헤드헌터는 화이트컬러 ^white color 시장이 아니라 골드컬러^gold color 시장에 있는 사람이다.'는 말이었다. 평범한 직장인이었던 나에게 '골드컬러 시장'이라는 말이 '확' 와 닿았고, 그 후 헤드헌터라는 직업을 생각하는 나의 기준점이 되었다.

흥미로웠던 것은 인재확보를 위한 전쟁터에서 헤드헌터는 지식, 기술, 소통 등 자신이 가진 다양한 재능과 역량을 무기로 사용하여 업을 완성해가는 전문가라고 느껴지는 점이었다. 점차 헤드헌터라는 직업에 매력을 느꼈고 '이 일은 내가 하고자 하는 프로페셔널' 이라는 확신을 갖게 되었다.

이러한 배경으로 2000년대 초에 나는 헤드헌터가 되었다. 많은 분들의 도움으로 지금까지 1,000여개 이상의 기업에 성공적으로 인재 매칭 서비스를 제공해 오고 있지만, 그 여정은 간단하지 않았다.

내가 헤드헌터를 시작한 2000년 초 중반의 잡 시장은 온라인과 오프라인으로 나눠지면서 채용 수요가 2배 이상 늘어나는 호황기였다. 기본적인 헤드헌팅 능력 외에 기업의 요구에 신속하게 대응하는 것이 무엇보다 중요한 시기였다. 이에 나는 내부 정보관리시스템I·Smart을 구축하여 기업의 니즈에 맞는 검증된 후보자를 신속하게 추천할 수 있는 기반을 마련했다.

그러나 2008년, 갑작스럽게 세계 금융위기가 닥쳤고 그 여파로 기업들은 채용은커녕 구조조정을 감행하게 되면서 잡 시장도 직접적인 타격을 입었다. 당시 나는 후보자들과 함께 어두운 터널 속과 같았던 잡 시장을 다시 경험했다. 다소 부족한 스펙 때문에 기가 죽어 있던 후보자, 면접의 기회라도 가졌으면 하는 안타까운 후보자들을 보며 나의 구직활동 시절이 주마등처럼 스쳤다. '채용포지션이 없다'는 기업들을 일일이 설득해서 취업이 절실한 후보자들의 역량을 검증하고 매칭하느라 정신이

없었다. '무에서 유를 만들어 내는 것이 이런 기분일까!'

진정성과 간절함으로 매칭에 성공을 했을 때, 특히 어려운 환경 속에서 기업과 인재가 함께 성장하는 모습을 볼 때 헤드헌터로서 일의 의미를 느낄 수 있었던 가슴 뛰는 시간이었다.

2008년 외환위기 이후에는 정부의 일자리 정책과 국내외 기업들의 신사업 추진 등이 활발한 시기였으며, 이에 발맞춰 잡 시장도 변화를 거듭하며 성장했다. 정부의 일자리 정책은 역대 정부의 정책 방향에 따라 바뀌며 실행되고 있다. 그때마다 신속하게 내용을 파악하고 그에 맞는 고위 전문인력을 매칭하기 위해 노력하고 있다. 특히 2017년부터는 블라인드 채용 기준에 따라 역량 중심으로 후보자를 검증하여 추천하고 있다. 또한 이 시기는 국내 기업의 해외 진출과 외국계 기업의 국내 진출이 활발했던 때였다. 덕분에 생소한 나라로 진출하는 국내 기업과 지금은 로고만 봐도 익숙한 국내 진출 외국계 기업에 인재 채용 서비스를 제공하면서 국내뿐 아니라 글로벌 영역으로 사업을 확장할 수 있었다.

그리고 지금은 4차 산업혁명과 COVID-19의 시기이다. 기업들은 지난 세계금융위기를 겪으며 학습한 위기극복 능력과 다양한 신기술Hi-Tech을 활용하여 새로운 기회를 만들기 위해 분투하고 있다. 필연적으로 이를 성공적으로 이끌 인재를 확보하기 위한 전쟁은 더욱 치열해졌다. 무엇보다 한번 인재를 잃으면 다시 확보하기가 더 힘들다는 것을 잘 알기에 기존 인재를 절대 놓치지 않으려 하는 동시에 새로운 인재를 확보하기 위해 많은 노력을 하고 있다.

이 시대의 중심에는 디지털에 익숙하고 자신의 가치관이 명확한 MZ세대가 있다. 산업 측면에서는 데이터와 하이테크의 결합으로 산업 간의 경계가 무너지고 새로운 산업과 직업들이 만들어지고 있다. 나 또한 이렇듯 변화하는 산업현장의 니즈와 MZ세대의 직업 니즈를 매칭하는 새로운 경험을 하고 있다.

신기술의 샘은 수많은 전문가들이 예측하듯이 결코 마르지 않을 것이다. 그리고 이들 혁신 기업에는 그 샘을 마르지 않게 채워줄 인재가 반드시 필요할 것이다. 따라서 그 인재를 찾기 위한 기업들의 노력도 중단되지 않을 것이다. 예를 들어 구글Google은 수백 명의 리크루터가 수년간 다양한 도구를 활용하여 자체 개발한 '지하이어'gHire라는 지원자 데이터베이스를 구축하여 운영하고 있다. 또한 임직원을 총동원하여 지원자의 실력과 평판을 검증하는 등 거대한 채용프로세스를 운영하고 있다. 이렇듯 '70억 명 가운데 최고의 인재 찾기'위한 구글의 노력은 대단하다.

이러한 기업들의 활동과 나의 경험에 비춰 보면, 기업과 인재의 성공적 매칭을 위해서는 끊임없는 노력과 경험, 그리고 전문성이 발휘되어야 한다. 그래야 기업이 필요로 하는 최고의 인재를 성공적으로 매칭해 낼 수 있다. 이것이 바로 헤드헌터의 역할이자, 프로페셔널의 영역이다.

이 책은 20여 년간의 현장 경험을 바탕으로 헤드헌터의 다양한 업무 활동을 9단계로 나눠서 체계적으로 설명하고, 각 단계별로 헤드헌터가 갖추어야 할 역량(지식·기술·태도)을 중심으로 그들의 직업세계를 살펴보았다. 이를 통해 최고의 인재를 원하는 기업, 그리고 자신의 역량을 발휘하기에 적합한 기업을 찾는 인재에게 헤드헌팅 서비스를 성공적으로 제공하기 위한 헤드헌터의 전략과 실행방법을 제시한다. 그리고 자신의 업에서 전문성을 갖추고 지속적으로 성장하기 위해 노력하는 '직업인'들을 위한 커리어코칭을 담았다. 하이테크 기반의 새로운 환경 속에서 능력을 갖춘 '1인 기업가' 또는 '미들맨'으로서 진정한 승자가 되는 데 도움이 되었으면 한다.

성공하는 헤드헌터가 되고자 하는 분들, 경쟁력 있는 인재Talent를 얻고자 하는 기업, 그리고 자신의 능력을 잡 시장에서 검증받고자 하는 진짜 인재에게 이 책을 권하고 싶다.

목차

PART 01

왜 기업들은 헤드헌터를 찾는가?

PART 02

어떻게 고객을 얻는가?

PART 03

어떻게 인재를 성공적으로 매칭하는가?

PART 06

헤드헌터가 갖춰야 하는 역량은 무엇일까?

왜
기업들은
헤드헌터를
찾는가?

신기술의 샘은 결코 마르지 않을 것이며, 그 샘을 마르지 않게 채워줄 인재는 반 드시 필요할 것이다. 따라서 인재를 찾기 위한 기업들의 노력도 중단되지 않을 것 이고, 최고의 인재를 매칭하는 산업현장에 '헤드헌터'가 있을 것이다.

1장
헤드헌팅과 헤드헌터: 역할의 변화

헤드헌팅Headhunting은 기업에 인재를 소개하여 매칭시키는 서비스를 말한다. 헤드헌터의 측면에서는 '헤드헌팅의 전체 업무 프로세스', 즉 적합한 인재를 발굴하고 매칭하는 모든 과정의 작업을 의미하며, 기업의 입장에서는 인재 채용 업무의 일부를 외부전문가에게 아웃소싱outsourcing하는 일을 뜻한다. 헤드헌팅을 전문적으로 하는 회사를 헤드헌팅사 또는 서치펌Search firm이라고 하며, 이 일에 종사하는 사람을 헤드헌터Head hunter라고 한다. 원래 '헤드헌터'라는 용어는 인디언 부족 간의 싸움에서 상대방 적장의 머리를 잘라 가져오는 것에서 유래됐다.

'헤드헌터'라는 직업적 용어는 '인재 서치 컨설턴트talent search consultant', '인재 채용 전문가talent recruiter, talent acquisition specialist', 채용 에이전트recruiter agent등으로 칭하기도 한다. 그리고 최근에는 'HR 컨설턴트', '커리어 컨설턴트career consultant' 등이라 불리기도 한다. 이는 모두 단순한 인재 매칭 에이전트가 아닌 사람의 잠재된 역량을 발견하고 성장을 도와주는 커리어 전문가로서의 헤드헌터 역할을 강조하는 표현들이다. 또한 최근에 하이테크hi-tech 기술이 전 산업으로 급속하게 확산되고 적용되면서 인재의 단순 영입뿐만 아니라 빠른 정착soft-landing과 성장의 중요성이 커지고 있는 것이 그 배경이다. 헤드헌터의 업의 영역이 인재 육성, 즉 인적자원 비즈니스 파트너human resources business partner로 확대되고 있는 것이다.

내가 헤드헌터로 활동한지 얼마 안 되었을 때의 일이다. 글로벌 전력용 반도체 전문회사이자 60년대 실리콘밸리의 혁신기업이었던 페어차일드Fairchild (現 온 세미컨덕터ON Semiconductor)의 인사팀과 채용 관련 미팅이 있었다.

그들은 중국시장에 진출하기 위해 공장증설에서 공장운영까지를 책임질 법인장과 실무자급 엔지니어를 찾고 있었다. 그러나 인사팀은 실무자 채용 건에 대해서만 오더를 주고 싶어했다. 미팅이 그대로 끝나려는 순간이었다.

"임원급 포지션도 있다고 하셨는데, 어떤 건인가요?"

"임원급은 중요한 포지션이기 때문에 글로벌 서치펌에 맡기기로 했습니다."

정작 중요한 포지션은 못 맡기겠다는 뜻이었다. 지금도 현장에서 종종 겪는 일이고, 그때마다 글로벌 서치펌들의 이름을 듣게 된다. 이 서치펌들의 정보를 찾아보면서, '헤드헌팅' 업의 시작과 실상을 이해하는 계기가 되었다.

그렇다면 헤드헌팅은 언제 어떻게 시작되었을까? 헤드헌팅 업이 처음 시작된 때는 1929년의 미국 경제 대공황 이후이다. 국제적인 경기불황으로 실업자와 구직자가 급증한 반면, 기업들은 기업들대로 기업 진단과 회생을 위해 경영 컨설팅 업체들의 도움을 필요로 했다. 그리고 컨설팅 결과를 실행할 전문 인력에 대한 수요가 생기면서 자연스럽게 헤드헌팅 비즈니스도 시작되었다. 2차 세계대전 이후에는 미국의 경제 발전과 함께 기업들의 인재 채용 수요가 급증하면서 헤드헌팅 비즈니스도 미국과 유럽을 중심으로 빠르게 성장하는 계기를 맞았다. 글로벌 경영컨설팅 회사들인 맥킨지McKinsey(現 맥킨지앤컴퍼니), 보스톤컨설팅그룹BCG, 브즈알렌Booz-Allen, 베인앤컴퍼니Bain&Company 등의 경영 컨설팅펌과 글로벌 서치펌들이 본격적으로 비즈니스를 시작한 것도 이 무렵이다.

글로벌 서치펌의 경쟁력은 무엇일까?

헤드헌팅 비즈니스의 오랜 역사에 걸맞게 영향력 있는 글로벌 서치펌들은 C-LevelChief, Executive의 임원급에서 성공적인 매칭 사례를 다수 보유하고 있다. 아래에 소개하는 서치펌들은 명실공히 글로벌 경쟁력을 갖추고 있는 기업이자 임원급 포지션 수주 시 현장에서 자주 만나게 되는 기업들이다.

첫 번째로 소개할 글로벌 서치펌은 하이드릭앤스트러글스Heidrick & Struggles다.

이 회사는 1953년 시카고에서 글로벌 경영컨설팅 회사인 부즈알렌 해밀턴Booz-Allen Hamilton의 컨설턴트였던 하이드릭Heidrick과 스트러글스Struggles

에 의해 설립된 회사다. 전세계적으로 50여 개의 현지 법인을 운영 중이며 기업의 경영진, 고위 간부급 중심의 전문인력 매칭 서비스 제공이 강점이다. 1999년 나스닥NASDAQ에 상장되었으며, 국내에서도 활발하게 활동하고 있다.

두 번째, 콘페리Korn Ferry는 1969년 미국 LA에서 헤드헌팅 사업을 시작했다. 기업회생 컨설팅을 하던 회계사 출신의 콘Korn과 페리Ferry가 설립한 회사로, 1999년 뉴욕증권거래소New York Stock Exchange에 상장하였으며, 지금은 전 세계적으로 100여 개의 지사를 운영하고 있다. 2015년에는 글로벌 인사조직 컨설팅 기업인 헤이그룹Hay Group을 인수하여 인재전략, 리더십 등의 영역으로 사업을 다각화하면서 글로벌 HR컨설팅기업으로 성장하고 있다.

마지막으로, 이곤젠더Egon Zender는 1964년에 스위스에서 설립되었다. 유럽에서 가장 경쟁력 있는 서치펌으로 월스트리트저널Wall Street Journal에 소개되었을 정도로 유럽을 중심으로 글로벌 영역으로 헤드헌팅 사업을 확장하고 있다.

이러한 서치펌들은 거래소에 상장을 통해 사업의 성공을 시장에서 인정받았다. 그리고 글로벌 시스템과 브랜드 경쟁력을 활용하여 여러 나라에 지사를 운영하면서 현지에서 현지 중심으로 기업과 인재를 매칭하는 서비스를 제공하고 있다. 이것은 전 세계의 수많은 고객사와 핵심인재 DB를 갖추고 있기 때문에 가능한 일일 수 있다.

또한 이들은 그간에 축적한 성공사례 기반의 데이터를 중심으로 전 세계의 인재를 찾는 기업에 헤드헌팅 서비스뿐만 아니라, 기업의 채용, 인재평가, 리더십, 조직문화 등에 관한 다양한 HR컨설팅 서비스를 제공하고 있다.

현재 한국 시장에 진출한 글로벌 서치펌은 10여 개사 정도이며, 미국, 유럽 기반의 서치펌들과 함께 아시아 국가 기반의 글로벌 서치펌들도 영업중이다.

국내 서치펌과 잡 시장의 변화

국내의 1세대 서치펌들은 1980년대 국내에 진출한 다수의 외국계 기업이 외국어가 가능한 관리 인력을 찾으면서 헤드헌팅 시장이 형성되기 시작하였다. 이어 1990년대 후반, 외환 위기가 해소되고 외국계 기업의 국내 진출과 투자가 활발해지면서 혁신적인 리더를 찾는 수요가 크게 증가하였고, 이에 따라 국내 서치펌의 사업도 확대되었다.

2000년 초반에는 온라인 관련 직업들이 늘어나면서 채용수요가 급증했다. 잡 시장은 다양한 온라인 플랫폼 관련 산업의 등장에 힘입어 2배 이상 성장했다. 또한 사업성과를 높이기 위한 국내 기업들의 해외 진출이 늘면서 해외의 현지local 전문가를 찾는 수요도 증가했다. 국내 대형 서치펌들이 등장한 것도 이 무렵이다.

2008년은 미국 발 세계금융위기의 영향으로 금융산업을 비롯한 전체 산업이 어려움에 처한 시기였다. 헤드헌팅 사업 역시 힘든 시기였으나 그 어려운 상황 속에서도 IT개발 인력과 영업 인력에 대한 수요는 살아 있었다. 특히 2009년 하반기, 아이폰의 국내 출시를 계기로 IT산업의 융합이 더욱 촉진되면서 IT와 정보통신 산업뿐만 아니라, 반도체, 전기전자 부품, 화학산업 등의 관련 산업군에서 시장확대가 이루어졌다.

1년여의 막막했던 잡 시장에 아이폰 출현은 레인메이커Rain Maker[1]와 같은 획기적인 일이었다. 힘든 시기를 버티기 위해 당시 나는 5명 남짓한 게임개발업체인 'A'사 와 사무실을 나누어 사용했었다. A사는 영어 어휘력 향상 관련 게임 어플을 개발하여 아이폰의 앱스토어에 올렸다. 어플 사용자가 급증하자 한 대기업에서 'A'사를 찾아와 후속 콘텐츠 개발 계약까지 체결하였고, 이후 A사는 30명 이상의 직원을 더 채용하여 넓은 사무실로 이전했다. 물론 'A'사는 나의 고객이 되었다. 아이디어와 창의력을 가진 콘텐츠가 각광받는 시대가 왔음을 실감한 계기 중 하나였다.

모바일 관련 산업이 성장하면서 움츠렸던 경기도 살아나고, 소비자들의 소비심리와 직접적인 영향이 있는 패션, 화장품, 식음료 등의 소비재 산업과 서비스 산업 역시 활성화되었다. 프렌차이즈, 식음료, 패션, 화장품 등의 소비재 산업에 프리미엄 제품군과 서비스가 만들어지면서 이들 산업군에도 글로벌 감각과 기획력이 뛰어난 인재에 대한 수요가 생기면서 글로벌 인재들이 국내로 영입되었다. 소비재 산업의 활성화는 유통과 물류 시장의 확대로 이어졌고, IoT기술을 빠르게 도입하는 산업군이 만들어지는 계기가 되었다.

전 세계적인 위기 속에서도 신기술의 발전이 새로운 시장을 만들어내고, 관련 인재 수요를 2배 이상 늘렸던 점은 다행이다. 이러한 기업들의 도전과 노력의 중심에는 항상 기업의 가치 향상에 기여할 '진짜' 인재

---

[1] 레인메이커(rainmaker) : 미국 인디언들로부터 유래된 말로 '가뭄 때 비를 내리게 하는 주술적인 힘을 가진 사람'을 의미했다. 최근에는 고귀한 정신을 가지 자선사업가, 기부자 또는 일마다 행운을 가져다주는 사람, 탁월한 실력을 가지 사람 등을 비유할 때 사용한다.

에 대한 간절한 요구가 있었으며, 서치펌은 이에 맞는 핵심인재를 발굴하고 매칭하는 데 최선의 역할을 다해왔다. 국내 헤드헌팅 사업은 시대적, 환경적인 위기와 변화를 기업과 함께 겪으면서도 꾸준히 사람 중심의 HR비즈니스로 발전을 거듭하고 있다.

글로벌 서치펌과 경쟁
'매스매틱스 알고리즘 개발자' 매칭에 성공하다

2018년 초, 비트코인과 블록체인 기술이 세상을 떠들썩하게 했을 때, 블록체인 기술과 코인을 개발해서 ICO^(가상화폐공개)에 성공하고 큰 투자를 받았던 한 스타트업^('C')으로부터 다수의 채용 오더를 받았다. 그중 하나는 매스매틱스 알고리즘^{mathematics algorithm} 개발 경험이 있는 박사급 소프트웨어 엔지니어를 찾는 것이었다. 처음 접하는 직무였지만 헤드헌터의 '인재발굴은 기술이다.'는 생각을 가지고 있었던 나에게는 흥미진진한 일이었다. 국내외 이공계 박사 중 매스매틱^{mathematic engineer} 기반의 금융 분야 또는 로보틱스^{robotic} 분야의 S/W개발자를 찾고자 온/오프라인을 망라하여 3주간 집요하게 서칭을 했다. 모든 시간을 잠재후보자들의 핵심직무와 수행한 업무를 중심 키워드로 쪼개고 합치고 응용하여 후보자들을 발굴하고 인터뷰하면서 추천가능한 후보자를 리스트화 하는 데 사용했다. 마침내 러시아 출신의 공학물리학 박사를 매칭하는 데 성공했다.

나중에 알게 된 사실은 글로벌 서치펌인 'H'사에도 같은 오더를 냈는데 'H'사는 5천만 원 상당의 선수금을 받고 계약을 한 반면, 나는 선수금 없이 매칭에 성공했을 때 수수료를 받는 조건으로 계약을 했다. 인상적이었던 것은 'C'사 대표의 말이었다. "비록 'H'사에 선수금을 지불하고도 후보자 매칭에는 실패했지만, 'H'사가 추천한 후보자들은 우수한 분들이었다."며 후한 평가를 했다. 이처럼 대개의 경우 글로벌 서치펌은 국내 서치펌들과 달리 선수금을 받으면서 헤드헌팅 비즈니스를 한다. 브랜드의 힘과 전세계적인 인재 정보를 갖추었기 때문일 것이다.

희망적인 것은 최근 스타트업부터 대기업까지 기업의 규모를 불문하고 핵심인재 채용을 위한 기업들의 헤드헌팅 수요가 늘고 있다. 이러한 기업들 대부분은 브랜드와 규모보다 기업과 인재에 대한 지식과 기술을 보유한 서치펌과 반드시 매칭을 성공시킬 수 있는 경쟁력 있는 헤드헌터를 찾는다.

헤드헌터는 기업의 인사 및 채용담당자의 손이 닿지 않는 인재를 발굴해서 성공적으로 매칭하는 기술을 개발함으로써 경쟁력을 갖춰야 한다.

2장

인재 매칭에서 전문화된 HR 서비스까지

헤드헌팅 업은 기업 및 인재의 요구에 맞춰 다양한 분야의 파생서비스로 확장되어왔다. 기업의 관점에서 인재를 검증 및 평가해주는 서비스와 인재의 빠른 정착을 돕는 서비스, 인재의 관점에서 그들의 커리어 개발을 코칭해주는 서비스 등으로 확대되어왔다.

이러한 서비스의 확대는 기업이 인재를 채용하기 위해 사내 면접 과정을 통해 채용을 했음에도 불구하고, 입사한 사람들이 기업에 정착을 못하고 몇 개월 안에 퇴사를 하거나, 면접 시 했던 말과 다르게 전혀 성과를 못 내거나, 조직 구성원들 간의 불협화음 등 인사 리스크를 경험하면서 시작되었다.

이러한 니즈에서 헤드헌팅 서비스는 기업과 인재를 매칭하면서 축적한 경험과 데이터를 기반으로 전문화된 면접 설계, 면접 진행, 인재 검증

등의 HR서비스를 제공하는 방향으로 발전하고 있다. 또한 조직의 성장이 빠른 벤처기업이나 스타트업의 경우에는 기업의 특성과 규모에 맞는 맞춤형 HR컨설팅을 활용하여 기업의 비전을 수립하고, 인재 채용과 정착 및 성장을 돕기 위한 HR서비스를 활용하는 방향으로 나아가고 있다.

면접이 바뀌면 인재가 바뀐다 '면접 전문가 파견 서비스'

검증된 면접관을 기업의 채용과정에 파견하는 서비스를 뜻한다. 대개의 경우 기업과의 사전 협의를 통해 지원자의 직무능력을 효율적으로 검증하기 위한 구조화된 면접 방식을 개발하고 이를 사용하여 진행되는 면접에 전문 면접관을 파견한다. 면접전문가 파견 서비스 영역은 기업의 채용 단계에 따라 다르며 문제출제, 지원자 서류검토부터 기업의 다양한 대면/비대면 면접까지 서비스를 제공한다.

전문면접관 수요는 2019년 7월 '블라인드 채용법'이 시행되면서 공공기관뿐만 아니라 사기업에서도 증가하고 있다. 이에 힘입어 지원자의 직무능력 및 역량 평가를 블라인드 방식[2], 또는 전통적 방식으로 진행하는 전문면접관 서비스가 활성화되고 있다.

---

2 블라인드채용(Blind Recruitment): 편견을 유발하는 차별적 요소를 제외하고 직무능력을 평가
   하여 채용하는 방식

<면접전문가의 수행업무 및 주요역할>

    면접전문가는 면접에 참여하여 사용하는 다양한 평가 및 측정 도구 (BEI[3], SI[4], G/D[5], R/P[6], PT[7])를 이해하고 활용하는 능력을 갖춰야 한다. 또한 실제 역량면접을 진행하기 위한 구조화된 면접기법(질문, 관찰, 기록, 분류, 평정, 합의)을 활용하는 능력이 요구된다. 기업의 입장에서는 면접전문가를 지원받음으로써 기업의 인재상에 맞는 지원자를 공정하고 효과적으로 채용할 수 있다. 그리고 외부 면접전문가가 기업을 대신하여 면접을 진행하기 때문에 지원자의 개인정보에 대한 보안을 철저히 유지를 한다면 지원자에게 기업의 공정하고 구조화된 면접에 대해 긍정적인 이미지를 알릴 수 있다.

---

3   BEI (Behavioral Event Interview): 경험사례를 중심으로 하는 행동기반의 면접

4   SI (Situation Interview): 특정상황에서 지원자의 생각이나 미래의 의지를 확인하는 상황면접

5   G/D(Group Discussion): 토론과정을 통해 지원자의 대인 의사소통 역량을 확인하는 상황면접

6   R/P(Role Play): 특정상황에서 지원자에게 역할을 주고, 지원자의 행동을 관찰하는 역할면접

7   PT(Presentation) : 주어진 주제에 대한 발표과정을 통해 지원자의 역량과 반응을 평가하는 면접

채용 실패 위험을 없애다 '평판조회 서비스'

평판조회 서비스는 전통적인 채용프로세스를 통해 검증하기 어려운 후보자의 평판을 조회해주는 서비스를 말한다. 기업은 채용프로세스(서류 전형, 인적성 검사, 면접 전형 등)를 통해 후보자의 역량을 검증한다. 반면, 평판조회는 후보자의 동의를 얻어 전직 및 현직 동료, 상사 등으로부터 후보자에 대한 다각적인 의견을 청취하여 후보자의 역량을 재검증한다.

이 서비스의 범위와 절차는 기업의 목적과 검증하고자 하는 항목에 따라 달라진다. 업무역량과 리더십역량에 대한 검증이 대부분이나, 수행할 직무와 직급 또는 직책에 따라 그 항목이나 깊이가 달라지기도 한다. 따라서 평판조회 서비스의 효과를 높이기 위해서 평판조회의 목적에 맞춰 사전에 기업과 조회할 항목을 협의하는 것이 중요하다.

평판조회 전문가는 직무에 대한 전반적인 지식과 이해가 있어야 한다. 또한 후보자 성향 분석력(MBTI[8], DISC[9] etc), 인터뷰 스킬(질문/평가/분류), 보고서 작성 능력 등이 요구된다. 후보자의 지인들로부터 평가를 받는다는 점이 서로에게 부담을 줄 수는 있지만, 이력서의 진위 여부, 업무 역량, 리더십, 윤리성 등 면접으로 파악하기 어려운 부분을 보완해주기 때문에 인사 담당자의 채용 실패 위험을 현저하게 낮출 수 있다.

---

8 MBTI(Myers-Briggs Type Indicator) 브릭스와 마이어스가 정신의학전문가 칼 융(Jung)의 성격 유형이론을 근거로 4가지 선호지표를 조합해서 16가지 성격유형으로 설명한다.

9 DISC 성격유형 검사: 콜롬비아대학의 마스톤박사에 의해 고안된 인간의 행동유형패턴을 Dominance(주도형), Influence(사고형), Steadiness(안정형), Conscientiousness(신중형) 4가지로 정의 및 설명한다.

<평판조회 서비스 프로세스>

[부록 1. 평판조회 보고서]

기업의 성장으로 이어지는 커리어 개발 '커리어 코칭'

커리어 코칭은 개인의 커리어를 진단하고, 이를 바탕으로 커리어 개발 방향과 방법을 상호 논의 및 조언하여 대상자가 스스로 실행을 촉진하게 함으로써 성장을 하도록 이끄는 서비스를 말한다. 일의 관점에서 개인의 현재 커리어를 진단하고 앞으로 실현하고자 하는 커리어 비전과 목표를 중심으로 자기 스스로 변화를 촉진시켜 실행할 수 있도록 지원하는 것이 핵심이다.

최근 기업에서는 커리어코칭에 대한 수요가 증가하고 있다. 개인의 직업 선택이나 역량 개발뿐만 아니라, 조직 내 개인의 다양한 커리어 변화(발령, 승진, (재)입사, 퇴사 등) 시에 현명하고 효과적으로 행동할 수 있도록 임직원에게 코칭 서비스를 제공하는 영역으로 확대되고 있다. 또한 소통 능력, 조직관리 능력, 리더십 등에 대한 코칭을 병행하기도 한다. 이러한 기업들의 노력은 구성원들의 조직정착과 성장을 돕기 위한 인재경영의

〈역량개발을 위한 커리어 코칭 3단계〉

한 방법이다.

커리어 코칭은 크게 3단계로 진행된다. 커리어 코칭을 효과적으로 하기 위해서는 먼저 코칭 대상자의 직업에 대한 비전과 가치관, 직무수행 과정에서 드러나는 특성 등을 파악할 수 있도록 설계된 질문지를 사용하여 커리어를 진단하는 것이 좋다. 그 진단 결과를 활용하여 코칭 프로세스를 진행하면서 검사 대상자 스스로 자기개발계획을 세우고 실행함으로써 성장해 나갈 수 있도록 돕는다.

커리어 코치는 코칭 대상자가 작성한 커리어 진단지에 대한 해석 능력, 보고서 작성 능력, 질문 스킬, 코칭 스킬 등을 갖춰야 한다. 상담이나 컨설팅과는 다르게 코치로서의 전문성이 요구되며, 객관적인 진단을 바탕으로 대상자 스스로 커리어 목표를 세우고 변화를 실행할 수 있도록 지원할 수 있어야 한다.

차별화된 비전, 인재, 기업문화를 만든다 'HR 컨설팅'

기업의 경영전략 실현을 위한 인적자원관리 및 인재육성에 관한 컨설팅을 제공하는 서비스이다. 업종, 제품 및 서비스, 기업 규모, 기업의 비전 및 전략 등 기업의 현황을 정확하게 이해하여 맞춤형으로 진행하는 것이 일반적이다.

역량모델 설계, 역량 기반의 면접 구조화, 인재의 빠른 정착과 커뮤니케이션 활성화를 위한 조직문화 컨설팅 등이 대표적이다. 상대적으로 성장 속도가 빠른 스타트업이나 벤처기업의 경우, 인재의 채용부터 정착, 성장을 돕기 위한 전략적 HR 컨설팅을 통해 기업의 경쟁력을 확보한다.

〈전략적 기업 맞춤형 HR 컨설팅〉

특정 주제에 대한 동종업계 조사 보고서, 분야별 직무 전문가 파견서비스를 비롯하여 HR 트랜드 및 콘텐츠 제공, 임직원 설문조사 등도 헤드헌팅 업에서 주로 다루는 HR 컨설팅의 영역이 될 수 있다.

서비스 영역	개요	특징
면접전문가 서비스	전문면접관을 기업의 채용 과정에 파견하는 서비스	후보자의 직무역량을 중심으로 공정하고 효과적으로 면접을 수행하는 반면, 개인정보보안 관점에서 주의가 필요하다.
평판조회 서비스	채용 대상 후보자에 대하여 전직 및 현직 관계자로부터 평판을 들어 후보자를 검증하여 주는 서비스	검증된 인재를 채용할 가능성이 높은 반면에 후보자와 조회처의 부담이 크다.
커리어 코칭 서비스	인재와 기업 차원에서 개인의 커리어를 진단하여 주고 개발을 코칭하는 서비스	기업과 개인의 목표를 공유함으로써 대상자의 정착, 몰입, 성장 등을 촉진할 수 있다.
HR 컨설팅	차별화된 사업, 인재, 조직문화 개발을 위한 비전, 역량모델링, 조직 및 직무분석, 역량면접구조화, 조직문화 활성화 등에 관한 HR컨설팅	전문화된 맞춤형 HR컨설팅을 제공하여 차별화된 HR 및 기업문화의 기반을 만들 수 있다.

<헤드헌팅 사업의 주요 HR서비스>

인재검증 HR서비스로
채용 리스크를 줄이다

'평판이란 남이 생각하는 자신의 모습'이라고 할 수 있다. 이렇듯 자신의 말과 행동은 원하든 원치 않든, 의도가 있든 없든 주변 사람들에게 매순간 영향을 끼치면서 자신에 대한 생각, 태도 등을 형성할 수 있다는 것을 기억해야 한다.

몇 년 전 바이오 벤처 기업인 'D'사로부터 해외마케팅 임원급으로 채용할 후보자에 대해 평판조회를 하고 싶다는 요청을 받았다. 'D'사로부터 우수한 면접평가를 받은 그 후보자의 전 직장은 이름만 들어도 아는 글로벌 유명 제약회사와 국내기업들이었다. 먼저 후보자의 직전 경력 회사들의 인사팀에 연락을 했다. 확인 결과, 대상자의 이력서 내용이나 'D'사의 면접평가와는 달리 해외마케팅 경력이 전혀 없는 분이었다. 유창한 영어실력으로 대표이사 수행비서로 입사 후 6년 정도 일하며 잦은 해외 출장을 통해 습득한 국제적인 감각과 어깨너머로 배운 수준의 마케팅 기술을 가진 분이었다. 이를 바탕으로 국내 중견 제약회사에 입사하기도 했지만 업무역량 부족 등으로 1개월만에 퇴직하신 분으로 확인되었다.

대기업인 'H'사의 사례도 있다. 'H'사는 조직문화를 이끌 팀장급으로 L

이라는 분을 채용한 후 곤욕을 치렀다. 소통역량과 리더십이 문제였다. 사적인 모임에서뿐만 아니라 사내에서도 음담패설을 즐기는 L의 언행에 팀원들의 불만이 이어지자 'H'사는 뒤늦게 전직 회사에 L의 평판을 확인해달라고 요청해 왔다. 그 후 'H'사는 모든 경력직 채용 시 '평판조회' 프로세스를 추가하여 한 번 더 검증 후 채용을 결정한다. 또한 'H'사는 많은 지원자들의 역량을 좀 더 효과적, 효율적으로 평가하기 위해 외부 전문 면접관 서비스를 내부 채용에 활용하고 있다.

이처럼 기업들은 인재를 정확하게 검증하고 평가하기 위해 전문화된 HR서비스를 활용하고 있다.

3장

헤드헌터, 살아남을 수 있을까?

헤드헌팅은 서비스업이다. 서비스 산업, 특히 헤드헌팅 서비스는 제조업과 달리 고객수요에 대응할 수 있는 재고라는 완충장치를 이용할 수 없기 때문에 기업들 간의 치열한 경쟁은 필연적이다. 다시 말해 헤드헌팅은 한 기업과 한 사람을 매칭하는 서비스Talent acquisition이며, 제조업처럼 여러 제품을 미리 만들어 재고 형태로 가지고 있거나 문화 콘텐츠처럼 원소스 멀티유저One-source Multi-user의 형태로 판매하기 어려운 서비스다. 즉, 한 사람을 동일한 시점에, 또는 재고로 가지고 있다가 여러 회사에 매칭시킬 수는 없다.

또한 헤드헌팅은 오프라인 중심의 산업이다. 최근 국내외에 다양한 잡포털 및 전문가 플랫폼들이 생겨 기업과 구직자 간의 온라인 매칭 기회가 증가했지만 전문적인 인재 매칭에는 한계가 있다. 물론 헤드헌팅

업을 하려면 후보자 발굴을 위해 온라인 검색을 해야 하거나 온라인을 사용하여 소통해야 하지만, 헤드헌팅 업무프로세스에서 가장 중요한 것은 여전히 고객사 및 후보자와의 오프라인상의 소통이다.

보이지 않는 가치를 찾아내는 헤드헌터

헤드헌팅 업의 핵심자원은 역량과 자질을 갖춘 헤드헌터이다. 헤드헌팅 업에서 헤드헌터 개인의 역량이 성과에 미치는 영향은 다른 서비스 산업에 비해 크다. 마찬가지로 헤드헌터의 수입도 헤드헌터의 역량과 숙련도에 따라 천차만별이다.

역량을 갖춘 헤드헌터를 1인 사업가 또는 미들맨이라고 하기도 한다. 이들은 고객사 발굴에서부터 후보자 매칭, 고객사 및 후보자에 대한 사후관리에 이르기까지의 전 과정을 혼자서 수행할 능력이 있는 사람들이다.

나와 링크드인linkedin 1촌인, 미국의 1세대 헤드헌터로《The Headhunter's Edge》를 집필한 제프리 크리스찬Jeffrey Christian은 1999년에 칼리 피오리나Carly Fiorina를 휴렛패커드의 CEO로 매칭하는데 성공했다. 당시 CEO인 피오리나의 계약 연봉은 350만 달러(한화 약 35억원)였고, 크리스찬이 받은 성공보수는 수억 원이었던 것으로 추측된다. 그 외 글로벌 기업의 C-level(임원급) 매칭에 대거 성공한 분으로 지금도 현역에서 활발하게 활동하고 있는 분이다.

국내에도 산업군별로 매칭 성공률이 높은 것으로 유명한 전문 헤드헌터들이 알려져 있다. 외국계 기업의 국내지사 지사장만을 타켓 매칭하거나, 고위임원급만을 전략적으로 매칭하는 헤드헌터도 있다.

그러나 이렇게 역량이 탁월한 헤드헌터는 흔치 않다. 그렇다 보니, 역량 있는 소수의 헤드헌터가 헤드헌팅 시장에서 차지하는 역할과 비중은 매우 크며 시장 내 상당수가 이들에게 의존하는 것 또한 현실이다.

구글은 서치펌과 일하는 노하우를 이렇게 소개한다. 여러 해 걸쳐 최상의 인재를 찾기 위한 프로젝트를 진행하면서 배운 결과물이다. '리크루팅 회사들의 능력은 제각기 다르지만, 이런 편차보다 더 큰 편차가 같은 리크루팅 회사 내의 개별 리크루터들 사이에 존재한다. 그러므로 어떤 회사를 선택하느냐 보다 어떤 리크루터를 선택하느냐가 더 중요하다.'[10]

아무리 잡 플랫폼이 다양해지고 기업의 채용 업무가 세분화, 분업화, 인공지능화, 데이터화 되어도 기업의 핵심인재 채용 프로세스의 중심에는 역시 헤드헌터가 있다. 예술을 하는 사람들을 보통 사람들에게는 보이는 않는 것을 보는 사람들이라고 한다면, 헤드헌터는 기업과 인재의 보이지 않는 가치를 찾아내고 만들어 내는 사람이다.

이러한 매칭 작업을 누구의 지원도 없이 헤드헌터 혼자서 전부 할 수 있는 것은 아닐 수 있겠지만, 기업과 후보자의 니즈와 가치를 볼 수 있는 탁월한 역량을 보유한 헤드헌터만이 이 매칭을 성공적으로 그리고 지속적으로 해낼 수 있다는 점은 분명하다고 믿는다.

10 라즐로 복, 이경식 옮김, 《구글의 아침은 자유가 시작된다》, 알에이치코리아, 2021, 143쪽.

헤드헌터와 잡 플랫폼의 관계

미래 사회 변화에 대한 불안과 기대감으로 학습을 하던 2016년, 전 카이스트 초빙교수였던 고故 이민화 교수로부터 4차 산업혁명에 관한 강의를 들었다. 이 교수께서는 당시 세계적으로 유명했던 '우버Uber' '에어비앤비AirBNB' 등 몇몇 유니콘 기업들을 그들의 플랫폼과 함께 소개하면서, '지금 이것은 빙산의 일각입니다. 모든 산업에서 거대한 플랫폼들이 나올 것이고 그것들이 새롭고 다양한 직업을 만들 것입니다.' 라고 했다. 그분의 말처럼 새로운 플랫폼은 계속 만들어지고 하루가 다르게 진화하고 있다. 잡 매칭을 목적으로 만든 플랫폼부터 비록 핵심 기능은 다르지만 여타의 다른 다수의 플랫폼들도 일자리 정보를 제공하며 매칭 서비스를 한다.

먼저 국내의 경우, 사람인, 잡코리아, 피플앤잡 등이 가장 많이 사용되고 있는 대표적인 잡 플랫폼들이다. 명함관리 앱으로 시작해서 지금은 인재매칭 잡 플랫폼으로 활용되고 있는 '리멤버remember'의 사례도 유명하다. 해외의 경우에는 '링크드인Linkedin'이 대표적이다.

산업별, 직군별, 나라별로 특화된 인재써칭 플랫폼도 다양하다. 예를 들어 최근 몇 년간 IT개발 인력에 대한 시장수요가 급격히 증가하면서 IT인력을 매칭하는 전문 플랫폼들도 많이 등장했다. 이 같은 흐름을 반영하듯 '원티드wanted', '위시켓wishket', '프리모아freemoa' 등의 플랫폼을 활용한 기업들의 인재매칭 및 채용 사례가 증가하고 있다. IT인력이 필요하면, 기존에는 관련 업종의 전문파견업체를 통해서 프로젝트 베이스로 필요 인력을 공급받았지만 지금은 위시켓이나 '프로그래머Programmer' 등의 플랫폼을 통해 중·단기 프로젝트에 참여 가능한 프로그래머들을 소싱하는 사례가 늘었다. 또한 숙박업체 연결 플랫폼으로 사업을 시작한 '야놀자'의 경우, 처음에는 헤드헌팅 서비스를 통해 IT 분야 인력을 채용했지만, 몇 년 전부터 원티드와 '이랜서clancer' 등과 같은 IT인력 플랫폼을 통해 인력을 소싱하고 있다.

이러한 플랫폼들로 인해 기업의 채용 오더를 확보하는 것이 어려워진 면도 있지만 반대로 이들 플랫폼이 헤드헌팅 서비스를 필요로 하는 기업과 헤드헌터를 연결해 주는 순기능을 하기도 한다. 즉 단순한 기능 중심의 일반적인 매칭을 넘어 전문 헤드헌터의 영역인 세부적인 매칭 프로세스가 필요한 경우, 국내 메이저 잡포털 사이트와 IT인력 플랫폼들은 연결 수수료를 받고 연결 서비스를 제공하는 등의 형태로 헤드헌팅 업과 상생의 비즈니스 관계로 발전하고 있다.

잡 플랫폼은 주로 기업의 구인정보와 구직자의 커리어 정보를 제공하는 역할이 기본이다. 그러나 기업과 후보자의 적극적 매칭은 전문 영역이다. 인재를 원하는 기업의 직무기술서를 정확하게 분석하는 것은 물론 대상 후보자의 발굴, 검증, 평가 등과 같은 기업의 일부 채용프로세스에 참여하여 인재가 채용될 수 있도록 적극적으로 절차를 진행하는 것은 헤드헌팅의 영역이기 때문이다.

잡포털 플랫폼이 채용시장의 일반적인 니즈를 담은 온라인 중심의 비즈니스라면, 헤드헌팅은 구체적이고 상세Specified하게 검증된 기업과 인재를 매칭하는 오프라인 중심의 비즈니스이다. 상호 경쟁적인 측면이 있지만, 변화하는 채용시장의 니즈를 빠르게 파악하고 대응하기 위해서는 양쪽 모두 상호 보완적인 상생관계를 유지할 필요가 있을 것이다.

'1인 기업가' 정신으로 만드는 새로운 기회들

'이제 우리는 각자 1인 기업 Me Inc.의 CEO다.'[11] 톰 피터스Tom Peters가 7년간 집필한《톰 피터스의 미래를 경영하라》에 나오는 말이다. 지식서비스산업에 속하는 헤드헌팅 비즈니스는 'Me Inc.', 즉 1인 기업가를 실현할 수 있는 시장이다. 2006년 회사를 창업하며 지인에게 선물로 받았던 이 책의 영향도 있었지만, '1인 기업가' 정신으로 무장하고 나에게 '불가능한 인재 매칭은 없다'는 자신감 있는 '헤드헌터이자 CEO'가 되고자 했다.

1인 기업가는 무엇보다 기업이 자신임을 인지하고 자신의 능력과 강점을 PR해서 영업과 마케팅으로 이어질 수 있도록 해야 한다. 고객사를 개발하는 능력이 있다면 스스로 성공 기회를 많이 만들 수 있고, 따라서 성공할 가능성 또한 높다.

헤드헌터가 되기 전에 한동안 기업교육 전문업체인 휴넷에서 법인영업을 담당한 적이 있다. 당시 나는 교육과정에 대한 제안서 작업부터 PT, 파일럿Pilot 테스트 등 교육과정의 품질과 서비스 검증까지의 일련의 과정을 수행해야 했고, 수주는 대개 그 후에야 받을 수 있었다. 이렇듯 완제품이나 주문형 제품을 영업하는 업종에 비하면 헤드헌팅 업의 영업은 단순한 편이며 진입장벽도 그리 높지 않다. 엄밀히 말하면, 타 업종에서 수주하기 전에 하는 활동들이 헤드헌팅 업에서는 고객사를 발굴한 이후에 하는 활동들이라고 할 수 있다.

---

11 톰 피터스, 정성묵 옮김,《톰 피터스의 미래를 경영하라(원제: Re-image)》, 21세기북스, 2005, 37쪽.

단순한 영업프로세스와 낮은 진입장벽은 장점이기도 하지만 단점이기도 하다. 꾸준하게 우수한 후보자를 추천하고 관리를 잘한다 해도, 고객사를 가로채 가는 타 헤드헌터에 의해 거래하던 고객사와의 관계가 일순간에 바뀔 수 있다.

물론 경험이 많은 헤드헌터는 신입에 비해 빠르게 적합한 인재를 추천할 가능성이 높다. 그러나, 신입 헤드헌터 일지라도 자신의 직장 경험과 네트워크를 통해 기업의 채용 니즈(영업)를 정확하게 이해하여 맞춤형으로 적합한 인재를 매칭함으로써 빠르게 성공의 기회를 잡을 수 있다. 또한 헤드헌터의 업무 경험과 역량에 따라 헤드헌터뿐만 아니라 HR전문가로서 N잡러로 활동할 수 있는 기회의 시장이다.

2021년 잡코리아에서 직장인 1,600명을 대상으로 N잡러에 대한 실태를 조사한 결과[12], 직장인 10명중 3명이 N잡러인 것으로 확인되었다. 조사에 참여한 직장인의 89.7%가 N잡러가 더 늘어날 것이라 답했는데, 그 이유로는 늘어나는 평균수명 대비 일자리에 대한 관심이 높아진 것, 그리고 즐기면서 할 수 있는 일을 찾고자 하는 직장인들의 희망 등이 그 이유였다.

헤드헌터 6년차 L은 기계와 자동차 업종을 중심으로 성공적으로 인재를 매칭하고 있다. L은 남다른 성실함과 책임감이 있는 헤드헌터로 세부적인 업무프로세스를 꾸준히 학습하면서 역량을 개발해 오고 있다. 현재 L은 헤드헌터인 동시에 대기업과 공기업 등을 대상으로 평판조회 전문가이자 면접전문가로 활동하고 있는 N잡러이다.

---

12 잡코리아, 〈직장인 10명중 3명 "나는N잡러"〉, 2020.10.16.

헤드헌팅 서비스는 크게 기업을 위한 서비스와 후보자를 위한 서비스로 구분된다. 즉, 기업의 측면에서 적합한 인재를 발굴, 검증하여 추천하고, 후보자 측면에서 후보자의 커리어개발을 위해 코칭을 한다. 헤드헌팅 업의 각 프로세스에서 요구되는 헤드헌터의 역량을 적극적으로 개발한다면 평판조회 전문가, 면접전문가, 커리어코치 등 다양한 영역에서 전문가이자 N잡러로 활동할 수 있을 것이다.

'나는 헤드헌터이자 CEO이다.' 라는 기업가 정신으로 비즈니스 역량을 개발할 필요가 있다. 헤드헌팅 업은 헤드헌터 스스로 강한 기업가 정신으로 꾸준히 자신의 전문성을 개발하여 경쟁력을 갖추면 새로운 기회를 만들고 성장시킬 수 있는 비지니스이다.

기업가의 행동을 이끄는 소명의식

직업인이라면 반드시 직업적 윤리의식을 갖춰야 한다. 다양한 직업들에는 모두 그 안에서 지켜야 하는 직업적 윤리가 있다. 이는 자신이 다루는 정보와 기술을 어떻게 생각하느냐에 따라 그 행동이 달라지기 때문에 매우 중요하다.

직업은 일반적으로 생계유지와 경제활동의 수단이기에 여러 유혹과 갈등이 일어나는 현장이다. 직업적 윤리의식이 없으면 다수의 사람들에게 자괴감을 주는 자금횡령, 기술유출, 고객정보유출 등의 일들이 발생한다. 이러한 일들은 또한 자신의 직업적 소명의식의 부재에서 발생한다. 소명의식은 직업활동을 단지 경제적 수단에 머물게 하는 것이 아니라, 자신이 정말 해야 하는 일을 하게 함으로써 사회적으로 긍정적인 영향력을 미치게 한다. 직업인으로써 윤리의식과 소명의식이 없으면 우리의 일은 지속될 수 없고 오래가지 못한다.

헤드헌터는 기업과 후보자의 민감한 정보를 다룬다. 기업의 대외비로 분류되는 신사업 전략, 고위 인력 정보, 인사 및 조직 변동 내용 등을 알게 되는 경우가 있고, 후보자의 개인이력서 및 평판 조회의 내용 등 보안과 비밀 유지를 요하는 정보를 많이 접한다. 따라서 높은 윤리의식은 필수이다. 기업의 경우 신사업 전략에 맞는 핵심인재를 찾을 때 헤드헌터의 철저한 비밀유지를 요구하는 경우가 많다. 또한 후보자의 경우에도 이직을 준비 중인 자신의 상황을 현 직장에서 알면 안 되기 때문에 개인정보와 현 직장명을 비밀로 하는 조건에서 진행하기를 원하는 경우가 많다. 업의 특성상 헤드헌터에게 기업과 후보자에 대한 절제된 정보를 가지고 의미 있는 소통을 하는 전문성이 필요하다.

첨단기술과 스타트업 등장의 효과

변화에 민감한 사람이라면 다양한 분야의 첨단기술과 스타트업이 지속적으로 산업생태계를 변화시키고 있다는 것을 알고 있을 것이다. 이런 변화의 물결 위에서 업을 전망하는 건 늘 조심스러운 일이지만, 2004년부터 지금까지 1,000여 개사에 2,000여 명이 넘는 후보자를 매칭시켜온 경험을 토대로 헤드헌팅 업을 전망해보았다.

(1) 첨단 기술들의 결합에 의해 변화, 진화하고 있다

우리 모두가 익히 알고 느끼고 있듯이, 지금은 대표적인 4차 산업혁명 기술인 AI와 IoT를 핵심동력으로 삼아 상품 및 서비스의 생산, 유통, 소비 등의 과정이 서로 연결되면서 새로운 제품과 시장이 만들어지는 시대이다. 또한 새로운 아이디어와 기술이 결합되어 또 다른 제품과 시장이 만들어지기도 한다.

첨단기술은 일자리를 만드는 원동력이다. 그리고 그 기술들은 계속 진화할 것이다. 우리는 4차 산업의 기술들이 일자리를 없애는 것이 아니고 진화하게 할 것임을 이미 경험으로 느끼고 있다. 기업은 창의적인 새로운 아이디어와 기술을 활용하여 새로운 제품과 시장을 만든다. 그 중심에 핵심인재^{talent people}와 일^{job}이 있다. 그 속에 헤드헌팅 비즈니스가 존재한다.

(2) 스타트업들의 채용 수요가 증가하고 있다

아직도 '스타트업'을 공유오피스에서 5명 이내의 직원들이 일하는 기업으로만 생각한다면 큰 오산이다. 최근 몇 년간의 상당 부분 인력 채용은 바로 스타트업들의 몫이었다.

기존 기업들과 차별화된 이들 스타트업의 특징 중 하나는 자금조달 방식이다. 상당수 스타트업은 외부의 투자를 받아 자사 제품의 기술을 개발하고, 직원을 채용하고, 마케팅을 함으로써 사업을 유지하고 발전시킨다. 투자는 일반적으로 시드 단계^{Seed money}, 시리즈 A.B.C 등으로 구분된다. 그 이후 IPO나 M&A등의 방법으로 투자가가 엑시트할 때까지 시리즈 D.E.F로 투자 라운드는 계속된다. '시리즈 A' 투자는 아이디어만 가지고 엔젤투자자나 액셀러레이터로부터 투자를 받는 단계에서부터 프로토타입의 시제품으로 시장 검증을 마친 후 서비스를 정식 오픈하기 위한 준비 단계 사이에서 이루어진다. 시리즈B는 기술이 본격적으로 상품화되어 시장에서 인정받고 고정수익을 내고 있는 단계에서 대대적인 인력확보와 마케팅, 연구개발 등을 위해 이루어진다. 시리즈 C는 시장을 확대하는 단계의 투자이다. 스타트업들의 투자금액은 적게는 5억 원 내외에서 많게는 수천억 원대에 달하기도 한다.

투자를 받은 스타트업이 가장 먼저 하는 일 중 하나는 인재채용이다. 시리즈 A단계에서도 채용수요는 많지만, 특히 시리즈 B에서 인력 채용에 대한 투자가 많이 이뤄진다. 채용수요는 10명 내외에서부터 많게는 100명 이상이다. 2010년에 스타트업으로 시작해 유니콘 기업으로 성장한 한국의 대표적인 E-커머스 '쿠팡'부터 화장품 유통회사인 '미미박스', 숙박업체 플랫폼인 '야놀자', '여기어때', 배달앱 플랫폼인 '배달의 민족', 그 외 스마트팜 플랫폼, 미디어 플랫폼 등 획기적인 아이디어와 기술로 창업한 수많은 스타트업들이 성공적으로 투자를 유치한 후 인재채용을 하기 위해 헤드헌팅 사와 협업해 오고 있다.

이러한 스타트업들의 특징은 인지능력과 창의력 뛰어난 인재를 빠르게 확보하기 위해 최선을 다하고 있다는 것이다.

(3) 하이테크(Hi-tech)시대 각광받는 '직업인'에게 필요한 것

내 직업은 미래에도 존재할까? 미래의 내 직업은 어떻게 일을 할까? 미래 자신의 직업에 대한 두려움뿐 아니라 변화에 대한 기대감으로 한 번쯤 해 봤을 질문들이다. 전문가들이 예측하는 미래의 新직업들을 살퍼보면, 대개는 첨단기술영역의 직업과 감성분야의 직업으로 나눌 수 있다.

헤드헌터는 사람과 소통하고 공감하는 일을 한다. 따라서 감성분야의 직업이라고 할 수 있다. 이러한 감성분야의 직업들도 점점 더 첨단기술 AI에 의해 영향을 받는다. 인공지능은 이제 채용담당자를 대신해서 후보자의 이력서를 검증하고, 후보자에게 질문을 하고, 역량을 평가한다. 예를 들어 글로벌 소비재 기업인 유니레버Unilever는 몇 년 전부터 신입과 인턴을 채용하는 과정에 인공지능을 활용하고 있다. 지원자의 링크드인 프로필을 자동으로 추출해서 직무에 적합한 지원자를 1차 선별하고, 온라인게임 방식으로 직무수행능력을 평가하여 2차 선별한 후, 자사의 축적된 데이터를 기반으로 지원자와 1차 인터뷰를 실시하여 최종 대면인터뷰 대상자를 선별하는 일을 모두 AI가 한다.

2020년 10월에 오라클에서 발표한 업무환경과 AI'AI at work' 관련 발표자료를 보면, 설문에 참여한 사람들 중 68%는 직장에서의 스트레스와 불안감에 대해 본인의 상사보다는 로봇AI에게 상담하는 것을 선호하였다고 하며, 80%의 사람들은 치료사나 상담사를 로봇으로 대체하는 것에 긍정적이었다고 한다. 이렇듯 채용과정 뿐만 아니라 인간의 감성분야에도 첨단기술이 차지하는 영역은 점점 확대되고 있다. 하버드대 하워드 가드너 교수는 그의 저서 '미래를 위한 다섯 가지 생각'에서 자신의 직업을 오래 살아남게 하기 위해서는 스스로 '생각하는 기술'과 '창의력'을 개발해야 한다고 설명한다.

헤드헌터는 신기술이나 플랫폼에 종속되지 않기 위해 사람 중심의 경험을 바탕으로 창의적인 콘텐츠를 개발하여야 한다. 창의적인 콘텐츠는 자신의 업과 활동영역을 확대하는 데 중요한 디딤돌이 될 것이다. 하이테크Hi-Tech 시대에 자신의 커리어 역량을 강화하고 전문성expertise을 가지려면, 업에 대한 끊임없은 생각과 질문, 그리고 창의적인 접근이 필요하다. 이러한 노력을 계속한다면 10년 후에도 여전히 새로운 환경 속에서 각광받는 직업인으로 계속 성장하고 있을 것이라 믿는다.

20개국 이상의
인재를 매칭하다

뉴욕대 스턴 비지니스스쿨 대니얼 앨트먼Daniel Altman 교수는 지금부터 10년 전인 2011년초에 발간한 그의 저서 《10년 후 미래》에서 세계경제의 방향과 변화의 흐름을 4단계(한계, 장애물, 기회, 위험)로 분류하여 예측했다. 가장 인상 깊었던 부분은 '기회'에 관한 내용들이었다. 특히 앨트먼 교수는 국가와 국경을 초월한 주거지와 근무지를 선호하는 개인의 라이프 스타일의 변화는 새로운 시장을 만들고, 이러한 새로운 시장에서의 진정한 승자는 능력을 갖춘 '미들맨'일 것임을 강조했다.

일과 관련된 전문가들의 미래의 활동 모습을 보여주는 것 같아 매우 흥미로웠다. 저자는 세계화와 많은 사람의 이동현상으로 인해 발생하는 다양한 비즈니스 사례와 함께 '미들맨middleman'을 설명했다. 단순한 중개상의 의미를 넘어 새로운 시장을 만드는 기업가로, 세계경제의 필수적인 역할을 수행하는 전문가로, 또는 전체 시장의 개발을 촉진하는 사람 등으로 표현한다. 그리고 이러한 미들맨에게는 국가와 고객에 대한 이해와 언어소통 능력이 중요함을 강조했다.

얼마 전 나는 국내에서 해외송금플랫폼을 운영하는 'T'사에 글로벌 마케팅 총괄 책임자CMO로 벤카데쉬Venkatesh를 소개하였고 그는 지금 인도의 뉴델리에서 CMO로서 성공적으로 역할을 수행하고 있다. 그는 몇 년 전 내가 전문가 매칭 플랫폼 사업을 하면서 국내외 전문가들을 발굴할 때 만난 분이다. 미국에서 MBA를 마친 후 글로벌 금융기업과 스타트업 등에서 다양한 마케팅 경험을 통해 탁월한 업무역량을 보유한 글로벌 마케터이다.

IT테크 기반의 스타트업인 'S'사는 초기 개발자 채용에 어려움을 해결하기 위해 외국인으로 채용하기로 하고 우리 회사에 연락을 해왔다. 먼저 내부에 영어가능한 헤드헌터와 리서처로 팀을 구성하고 각 나라의 주요 잡 플랫폼을 활용해서 인재를 발굴하여 추천을 했다. 'S'사는 우리 회사와의 협업을 통해 20개 이상의 국적을 가진 임직원들로 조직을 구성할 수 있었다. 외국 국적을 가진 직원들의 비자 문제와 새로운 환경 적응 등 이슈들은 있었지만, 다양한 국적을 가진 창의력 있는 젊은 개발자들이 모인 덕분에 다양성 확보와 글로벌 시장에 대한 빠른 이해를 통한 사업 성장으로 성공적으로 해외시장으로 확대해 가고 있다.

Covid19와 함께 생활한지 벌써 2년이 넘었다. 원격채용과 원격근무 시대는 더욱 빠르게 글로벌화를 촉진시켰다. 비대면 디지털 기술 활용을 통해 국가와 국경을 초월한 새로운 시장의 미들맨으로 '헤드헌터'의 역할과 역량을 펼칠 수 있는 기회이다.

Book in book
헤드헌터 Work Rules

헤드헌팅 시장에서는 기업과 인재를 '창과 방패'로 표현하기도 한다. 앞뒤가 맞지 않은 '모순矛盾'의 상황을 설명할 때 '창과 방패'로 비유를 하곤 하는데, 즉 세상에서 가장 강한 창과 튼튼한 방패가 서로 겨루는 것에 빗대어 표현한다. 기업과 인재를 매칭하는 채용현장에서 기업은 성과창출에 기여할 역량 있는 인재를 찾고, 인재는 자신의 역량을 발휘할 수 있는 기업을 찾는다. 기업은 후보자를 검증하고, 후보자는 기업을 검증한다. 창과 방패가 되어 양쪽을 검증해야 하지만, 한 팀이 되었을 때는 최강의 무장을 가질 수 있어야 한다.

이러한 현장에 '헤드헌터'가 있다. 헤드헌터가 하는 일을 체계적이고 상세하게 설명하기 위해 헤드헌터의 전체 업무 프로세스를 9단계로 나눈다. 그리고 업무를 쉽게 구분하여 설명하기 위해서 3단계, 즉 사전업무, 주 업무, 그리고 사후업무로 나눴다. 사전업무와 사후업무는 서치펌의 운영전략과 규모에 따라 영업팀과 영업관리에서 운영된다. 주 업무는 헤드헌터가 후보자를 발굴하고 매칭하는 주요업무로 진행 프로세스에 따라 7단계의 단위 업무로 나눈다.

사전 업무	주 업무 (후보자매칭)							사후 업무
고객사 개발	채용의뢰 분석	후보자 발굴	후보자 검증	후보자 추천	후보자 면접	입사 조건 협의	채용 오퍼	사후 관리

<헤드헌터의 업무 프로세스 9단계>

실 사례로 보는 헤드헌터의 현장

실제 사례를 통해 헤드헌터의 사전업무부터 사후관리업무까지 총 9단계의 프로세스가 어떻게 진행되는지 살펴보자.

마케팅을 담당할 임원급 채용 계획이 있는 'K'사로부터 InnoHR의 회사소개서를 보내달라는 전화를 받았다. 'K'사는 제약/바이오 제품을 생산하는 기업이었고 코스닥 상장을 준비 중이었다. 전화를 한 분은 인사팀 소속의 리더급 직원이었다. 통화가 끝나고 서로의 명함을 주고받았다.

나는 서둘러 'K'사에 대해 검색을 시작했다. 먼저 주요 생산제품과 최근 3년간의 재무제표를 확인하였고, 임직원 수와 회사 위치 등 기본 정보를 파악했다. 두 번째로 'K'사의 동종업계를 파악한 후 업계 내에서의 매출 순위, 제품의 특장점, 주요 거래처 등 시장 현황을 확인했다. 세 번째, 기업 평판을 조사했다. 언론기사와 SNS플랫폼을 통해 경영진과 기업문화 등 정보를 확인했다. 네 번째로 잡 포털을 통해 'K'사가 그 동안 채용한 포지션들이 무엇이었는지를 조사했다. 이상의 'K'사의 정보를 참고한 후, 그 동안 진행했던 제약/바이오 기업들과의 헤드헌팅 프로젝트 실적과 함께 회사소개서를 보냈다.

'K'사는 대면 미팅을 요청했고, 나는 '인재채용-계약서'를 준비해서 미팅에 참석했다. 미팅 중에는 외부에서 파악하기 어렵고, 후보자들이 궁금해하는 정보들인 내부 조직, 기업의 경쟁력, 경영진의 철학, 복지 등을 확인하는 데 집중했다.

'K'사 역시 '이노HR'의 업력과 경쟁력을 궁금해했다. 나는 'K'사의 동종업계 내 기업들에 대한 인재매칭 성공 경험과 기업과 인재 모두의 지속적인 성장$_{value}$을 위해 이 업을 하고 있음을 진정성 있게 설명했다. 양사 모두 공감을 하게 되었고, 준비해간 표준계약서에 사인을 받았다. 사무실로 복귀해서는, 미팅내용이 반영된 JD를 'K'사에게 최종 확인을 받았다.

이제는 내부 프로세스다. 제약/바이오 전문 컨설턴트들과 해당 JD를 공유하고, 인재매칭을 위한 전략과 추천 일정을 정했다. 먼저 ①'K'사가 생산하는 제품과 같거나 유사한 제품을 생산하는 동종업계 내의 기업 10여 개사를 정하고, ②이들 기업에서 마케팅 경력자를 중심으로 사내 DB와 외부 잡포털 사이트를 검색했다. 그 결과 50여 명의 잠재후보자[13]가 선정되었다. 이들에게 연락하여 'K'사로의 이직에 관심이 있는 후보자를 찾으니 15명으로 좁혀졌다. 다시 'K'사에서 선호하지 않는 후보자를 제외하고 10명의 후보자로 추려졌다. 해당 포지션은 임원급이었기 때문에 사전 인터뷰를 통해 후보자의 역량, 리더십, 태도 등을 검증한 후 최종적으로 5명의 후보자를 'K'사에 추천했다.

---

13 '후보자(Candidate)'란 헤드헌터가 인재를 발굴해 고객사에 추천하는 사람들을 통칭해서 부르는 용어이다. 채용 중인 포지션에 대해 스카우트의 대상이 되는 사람들이나 헤드헌터가 업종별 직군별 인재 발굴을 위해 컨택하는 사람들을 말한다.

'K'사는 그 중 3명에 대한 면접을 원했다. 면접대상 후보자들에게 면접 일정 등을 안내하고 역량면접에 대한 코칭을 했다. 면접 후 'K'사는 유사 제품군 마케팅 경험이 있는 두 번째 후보자를 마음에 들어 했고, 평판조회를 요청했다. 해당 후보자에게 3명의 평판조회처를 받았다. 3명 모두에게 연락하여 후보자에 대한 의견을 들은 후, 후보자의 역량을 다각적으로 분석 및 평가하여 보고서를 보냈다.

'K'사는 후보자의 평판조회를 확인한 후, 연봉 및 처우조건을 알려왔다. 고객사, 후보자와 함께 채용 조건을 협의한 후 공식적으로 입사제안서를 받았다.

다음은 후보자의 입사 지원이다. 후보자는 현직에서 퇴사까지 4주가 필요했다. 후보자가 현업에서의 업무 인수인계를 잘 마무리할 수 있도록 퇴사 코칭을 하는 동시에 'K'사 입사에 필요한 준비서류를 잘 갖출 수 있도록 지원했다. 후보자는 4주 후 'K'사의 임원으로 입사를 했고, 조직문화에도 잘 적응하면서 성과를 내고 있다.

위의 사례는 헤드헌터의 9단계 업무프로세스를 모두 포함하고 있다. 채용 오더를 받고 종결하기까지 얼마의 시간이 필요했을까? 이 사례에서는 7주 걸렸다. 이 기간과 업무내용은 고객사의 채용니즈와 후보자의 이직니즈에 따라 길어지기도 하고 짧아지기도 한다. 또한 헤드헌터가 전략적으로 어떻게 업무 프로세스를 만들어 가느냐에 따라서도 달라질 수 있다. 이것이 바로 헤드헌터의 역량이다. 헤드헌터의 역량개발을 위해서 헤드헌터의 업무프로세스 9단계를 자세히 살펴보는 일은 중요하다.

헤드헌터의 업무 '9단계' 맛보기

사전업무. '고객사 개발'

'고객사 개발'을 사전업무로 구분했다. 헤드헌팅의 주 업무가 시작되기 위해서는 고객사 개발과 계약이 선행되어야 한다. 이 전제가 충족되지 않으면 주 업무 전체가 시작될 수 없다. 이 같은 점을 고려하여 고객사 개발을 사전 업무로 구분하여 특별히 강조한다. 기업에서 채용의뢰를 받게 되면 계약서를 작성한다. 헤드헌팅 계약서 작성 시 협의할 사항은 크게 2가지이다. 하나는 지불조건과 수수료(율) 이고, 다른 하나는 보증기간과 보증내용이다.

(1) 지불조건과 수수료(율)

헤드헌팅 서비스에 대한 수수료 지불 조건과 수수료율을 정하는 항목이다. 수수료 지불 조건에 따라 성사조건부 계약Contingency base방식과 선수금조건부 계약Retainer base방식이 있다.

성사조건부는 헤드헌터가 추천한 후보자를 고객사가 채용했을 경우에 한하여 사후에 서비스 수수료를 받는 계약이다. 선수금조건부는 일부 수수료를 선수금으로 미리 받은 후 헤드헌팅 프로세스를 진행하는 계약이다. 고객사의 채용 니즈와 기간이 명확할 때 자주 체결하는 계약이다. 대표적으로 해외 인력이나 동종업계의 핵심 인력(비공개적인 채용 건)을 채용할 때 자주 사용하는 계약조건이다. 이 경우 별도의 채용프로젝트 계약서를 반드시 작성해야 한다. 이러한 지불조건에 따라 헤드헌팅 서비스 수수료(율)는 기업과 협의하여 결정한다. 일반적으로 국내 서치펌의 경우 수수료 구간은 20%~30%에서 결정을 한다.

(2) 보증기간과 보증내용

헤드헌팅 서비스에 대하여 사후 보증하는 기간과 내용을 정하는 항목이다. 즉, 헤드헌터가 추천한 후보자가 고객사에 입사한 후 일정기간 재직할 것을 서치펌이 보증하고, 그 기간 안에 후보자가 퇴사를 할 경우 고객사와 서치펌 간에 업무를 효율적으로 처리하기 위한 룰을 정하는 것이 핵심이다. 양사간의 수수료(율) 협의도 중요하지만, 서비스의 보증기간과 보증내용을 효과적으로 협의하는 것이 더 중요할 수 있다.

[부록2. 인재채용 표준계약서]

헤드헌터 Live Tip

계약은 양사 간의 상생을 위한 '우산'이어야 한다

영업의 핵심 역량은 원하는 걸 얻어내는 '협상력'이다. 협상의 결과물인 계약서는 양사 간에 상생할 수 있어야 한다.

신입 헤드헌터의 경우 고객사 발굴을 위해 무리한 조건으로 계약을 체결하고 일을 하다가 중도에 포기하는 경우가 꽤 있다. 계약 당사자간에 모든 일이 계획대로 순조롭게만 진행되기를 바라는 것은 욕심이다. 그렇기 때문에 계약서에는 양사의 의도와 다르게 불편한 일이 발생한 상황에서도 효과적으로 대처하기 위한 협의된 내용이 담겨야 한다. '갑'과 '을'이 자발적으로 상생을 위해 노력하기는 어려운 관계일 수 있어도, 비 올 때만이라도 우산을 함께 쓸 수 있는 내용이 계약서에 담겨야 한다.

주 업무. '후보자 매칭'

주 업무는 기업으로부터 채용의뢰를 받은 시점부터 채용오퍼 협의가 종료되는 시점까지 수행하는 업무이다. 이 단계는 총 7단계로 구분된다.

1단계. 채용 의뢰 분석

기업으로부터 채용 의뢰를 받으면 해당 의뢰 포지션을 분석한다. 채용 포지션을 정확하게 분석하기 위해서는 직무기술서Job Description, JD가 준비되어야 한다. JD는 기업이 성과를 내기 위해 직무별로 필요한 역량을 정의한 역량모델competency model을 중심으로 핵심직무와 수행업무를 명확하고 구체적으로 기술한 것이다. JD는 크게 3가지를 담고 있는데, 그것은 채용의뢰 기업의 기업분석, 핵심직무 & 직무내용, 자격조건이다.

JD는 기업과 인재를 매칭하는데 필요한 정보를 담고 있기 때문에 헤드헌터에게 있어서 매우 중요한 기능을 한다. 일반적으로 JD는 기업에서 작성해서 주는데, 그렇지 않은 경우도 많다. 어떤 경우든 헤드헌터는 JD를 가지고 소통해야 한다. 즉, 채용의뢰를 받으면 기업의 의뢰 내용을 JD를 통해 정확하게 이해한다. 만약 기업에서 JD가 제공되지 않는 경우라면 헤드헌터가 직접 JD를 작성해서 기업에 확인을 받는다.

이렇게 만들어진 JD는 헤드헌터가 각 업무 단계마다 기업 그리고 후보자와 소통할 때에 중심이 된다.

JD는 후보자의 대상(Target)과 방향을 결정한다

　채용 니즈는 기업에서 시작된다. 기업이 채용의 니즈를 헤드헌터에게 얼마나 정확하게 알려주느냐에 따라 매칭 성공률은 높아질 수 있다. 기업의 니즈를 담은 JD에 의해 헤드헌터는 발굴 대상 후보자와 방향을 결정한다. 성공 가능성이 높은 인재를 꼭 집어서 추천하기 위해서는 JD는 가급적 간단 명료할수록 좋다.

　이렇게 작성된 JD는 또한 후보자가 자신이 선호하는 기업인지, 자신의 역량과 맞는 직무인지를 쉽게 파악할 수 있는 기능을 해야 한다.

2단계. 후보자 발굴

작성된 JD에 맞는 후보자를 찾아내고 이력서를 받는 단계이다. 헤드헌터의 주요 업무이자 핵심 역량이다. 효과적으로 후보자를 발굴하기 위해서는 아래의 순서에 맞춰 실행한다.

① JD에 맞는 후보자 발굴 전략과 계획을 수립한다.

② 고객사의 동종업계를 파악하고, 발굴 대상 후보자 군의 범위를 결정한다.

③ 온라인/오프라인을 활용해 적합한 후보자를 발굴한다.

④ 후보자와 소통한다.

  − 먼저, 후보자의 이직에 대한 니즈를 파악한다.

  − JD를 중심으로 기업의 채용니즈와 정보를 설명한다.

  − 후보자의 주요 경력과 관심 여부를 파악한다.

⑤ 후보자의 이력서를 받는다.

  − 이력서를 통해 JD와의 적합도와 역량을 확인한다.

  − 이 단계에서는 후보자의 커리어에 초점을 맞춰 소통하는 것이 중요하기 때문에 후보자의 직무역량과 이직 니즈 등을 경청해서 이해한다.

  * 후보자가 해당 채용 포지션에 지원할 의사가 없더라도 후보자의 커리어에 대한 이해를 위해 미리 이력서를 받아 역량을 분석해 본다.

인재발굴은 어떻게 하나요?

　가장 자주 듣는 질문이다. 후보자를 발굴하는 기술은 헤드헌터의 핵심 역량이 발휘되는 결정적 장면 중 하나이다. 이 기술의 출발점은 기업의 채용니즈가 담긴 JD를 가지고, 후보자의 커리어 니즈를 찾는 것이다. 글로벌 거대기업은 최고의 인재를 영입하기 위해 모든 기술과 방법을 활용하고 있다. 그리고 '무슨 수를 쓰더라도' 최고의 인재를 잃지 않으려고 노력한다. 헤드헌터는 이직에 니즈가 있는 최고의 인재를 발굴하기 위해 온/오프 토탈 인재발굴 기술을 작동시켜야 한다.

　'S'사 임원 L이 퇴사했다는 정보를 받자마자 연락처를 알아내서 전화와 메일을 드렸지만 전혀 연락이 닿지 않았다. 반복되는 나의 연락에 한 달 후쯤 해외여행 중임을 알려왔다. 그로부터 2개월 후, 나는 문득 궁금해서 L에게 전화를 했다. 그는 인천공항에 도착해서 전화기를 켜자마자 내 전화를 받았다. L은 나와 커리어 인연을 통해 CEO로서 현장에서 탁월한 역량을 발휘하고 있다.

3단계. 후보자 검증

이력서에 기재된 내용을 중심으로 진위 여부와 후보자의 경력 대비 역량을 확인하고 검증하는 단계이다. 후보자의 역량을 정확하게 확인하고 평가하기는 쉽지 않다. 따라서 헤드헌터는 반드시 인터뷰를 통해 후보자의 역량을 확인하는 능력을 갖춰야 한다. 이 능력은 주로 '질문하는 기술'을 통해 개발된다.

후보자의 역량을 검증하는 방법은 아래와 같다.

① JD에서 요구하는 직무역량과 자격조건을 기준으로 검증한다.

② 역량은 KSA^(지식, 기술, 태도)를 중심으로 확인한다.

③ 또는 검증 항목을 세분화하여 항목별로 검증할 수도 있다. 검증항목은 크게 업무역량^{Competence}, 조직력^{Organizational leadership}, 그리고 이직에 대한 후보자의 의지와 열정^{Passion} 등으로 구분한다.

후보자의 검증은 주로 전화, 영상, 대면 등 잡 인터뷰 방식으로 진행된다. 또는 후보자와 관계있는 직장 동료, 상사 등을 통해 후보자에 대한 평판을 조회하는 등의 방법을 사용할 수 있다.

헤드헌터 Live Tip

역량을 검증해라

헤드헌터에게 종종 듣는 후보자 검증 결과는 다음과 같다.

'괜찮은 후보자이다', '깔끔한 외모에 말도 잘한다', '본인이 그 일을 다 했다더라'.

이 얼마나 무의미한 검증이란 말인가!

'강인하고 단호하며 철저하게 검증해라' 《스타트업 멘토링》의 저자 케빈 존슨)

후보자의 직무능력이 조직의 고성과와 얼마나 연계가 되는지, 본인의 주도적인 실천이자 행동에 의한 성과였는지, 계량화와 향상이 가능한 역량인지 등을 검증한다.

중요 보직을 맡게 될 후보자일수록 철저히 검증된 후보자를 추천해야 한다. 그러기 위해서는 궁금하거나 의심되거나 확실하지 않은 이력과 역량에 대해서는 검증이 될 때까지 확인한다. 다시 강조하자면, 헤드헌터는 후보자의 역량을 검증할 수 있는 전문가이어야 한다.

4단계. 후보자 추천

후보자 검증을 완료한 후, 해당 후보자를 고객사에 추천하는 단계이다. 추천 시에는 후보자의 이력서와 함께 헤드헌터가 검증한 내용(업무역량, 리더십, 열정) 등을 같이 첨부한다. 특히 JD에서 요구하는 역량과 후보자의 이력서의 매칭 여부를 명확하게 요약하여 추천한다. 후보자 추천 순서는 아래와 같다.

① 이력서의 개인정보와 학력정보를 요약한다.

② 총 경력을 요약한다.

③ 아래의 3가지 관점에서 필요 역량과 후보자 간의 매칭 여부를 확인하여 추천사유를 요약한다.

　– JD와 직무역량과의 매칭 여부를 확인한다.

　– 리더십 매칭 여부를 확인한다.

　– 후보자의 이직에 대한 의지를 확인한다.

인터뷰와 평판조회를 통해 검증한 후보자일 경우, 관련 문서를 함께 첨부하여 추천하면 더욱 효과적이다.

헤드헌터 Live Tip

후보자의 역량과 가치(Value)를 전달한다

고객사에게 후보자를 추천하는 순간 후보자와 함께 헤드헌터도 역량을 평가받는다.

대기업인 'K'사 대표이사에게 후보자를 추천할 때, 추천사유 5줄을 쓰는데 1시간을 고민했었다. 후보자 P의 28년간의 어마한 경력과 성과 중 어떤 부분을 어떻게 추천드려야 한눈에 관심을 끌 수 있을까? P의 핵심 역량을 간단하면서 매력적으로 추천하고 싶은 마음에 다시 쓰기를 반복했었다.

다시 고객사의 채용니즈[JD]의 핵심을 정확하게 파악한 후, 검증된 후보자의 업무역량, 리더십과 함께 이직니즈를 요약하여 추천드렸고, 다음날 면접을 보고 싶다는 연락을 받았다. 헤드헌터가 후보자를 PR하게 되는 동기부여 요인 중 하나는 후보자의 적극적인 의지이다.

5단계. 후보자 면접

고객사가 추천된 후보자에 대해 면접을 요청했을 때, 면접이 원활하게 진행되도록 고객사 및 후보자와 소통하는 단계이다. 또한 후보자에게 면접을 코칭하는 단계이기도 하다.

이 단계에서는 고객사와 후보자 간에 공유되어야 하는 정보를 정확하고 빠르게 전달한다. 면접정보 전달 및 면접 코칭의 주요 내용은 아래와 같다.

① 면접 관련 정보를 알려준다.

　– 면접 일시, 장소, 면접관 관련 정보, 인사담당자 연락처 등이다.

② 해당포지션의 JD와 자신의 이력서를 다시 상기시킨다.

③ 후보자의 역량이 잘 드러날 수 있도록 면접에 대한 코칭을 한다.

　– 핵심역량이 발휘되었던 최근 몇 년간의 프로젝트 경험, 성공 및 실패 사례

　– 팀워크, 조직력

　– 대내외적인 의사소통능력, 이직동기 등

헤드헌터 Live Tip

면접은 '상호평가'의 시간이다

　면접은 기업이 주도적으로 운영한다. 이 시간은 기업이 후보자의 역량을 평가하는 시간이기도 하지만, 후보자가 자신의 역량개발에 적합한 기업인지를 평가하는 기회이다. 이러한 면접시간이 때로는 양쪽이 검증보다는 면접 운영상의 불편함 때문에 불만을 토로하는 경우도 자주 발생한다. 후보자가 면접장소에 늦게

도착하거나, 당일 날 'NO Show' 등 기업의 면접운영에 피해를 주는 경우도 있다. 또한 후보자들의 불만도 만만치 않다. '1시간 이상 대기시간이 있었다', '사적으로 민감한 질문이었다', '질문을 거의 안 했다', '현 재직회사의 정보를 집요하게 물어봤다' 등이다. 게다가 아직도 면접 현장에서 바로 채용을 결정해서 후보자를 당황케 하는 기업도 적지 않다.

헤드헌터는 면접운영이 원활하게 진행되어 기업과 후보자가 서로를 검증하고 평가하는 시간을 가질 수 있도록 코칭을 한다. 후보자의 면접 시의 태도는 후보자뿐만 아니라 헤드헌터도 평가받는다. 무엇보다 기업이 면접운영을 어떻게 하느냐에 따라 기업의 이미지와 평판에도 적잖은 영향을 준다. 불편한 면접운영과 질문을 받은 인재가 그 기업을 선택할 경우는 극히 드물다.

6단계. 입사 조건 협의

면접 후, 고객사와 후보자 간에 서로 채용과 입사에 대한 의지가 확인이 되면, 입사 조건을 협의하고 채용오퍼를 받는 단계가 진행된다. 이 단계에서는 양쪽의 시소 게임이 시작된다. 고객사의 후보자 채용 니즈가 더 큰지, 아니면 후보자의 입사 니즈가 더 큰지에 따라 우위가 갈린다. 입사조건 협의 순서는 다음과 같다.

① 고객사가 제안하는 후보자의 채용조건을 확인한다. (먼저 후보자의 직급, 연봉, 소속부서를 확인한다)

② 제시된 조건을 후보자에게 전달하고, 추가 문의사항과 요구사항을 확인한다. 이때 후보자는 기업의 세부정보를 궁금해한다. 기업의 직급체계, 연차, 고정보너스 지급 여부와 지급 시기, 성과급 지급 여부와 지급 시기, 복리후생, 입사 예정일 등이다.

③ 고객사와 후보자가 제시한 조건을 바탕으로 협의를 마무리한다. 후보자의 역량과 직급에 따라 기업이 제공하는 처우조건은 다양하고, 기업에 따라 후보자에게 제시하는 샐러리패키지^{salary package} 또한 다양하기 때문에 사전에 숙지해 놓는다.

헤드헌터 Live Tip

양측이 원하는 것을 얻게 한다

기업과 후보자의 채용조건 협의를 성공적으로 하기 위해서는 양측이 원하는 것을 정확하게 소통하고 공유해야 한다. 그러기 위해서는 노무적인 지식이 요구된다. 특히 근로계약서, 연봉계약서상에 포함되는 용어들에 대한 이해가 필요하다. 근무형태, 근속연수에 따른 연차 휴가 및 수당, 세금 등 후보자의 급여와 노무 관련 지식이 필요하다. 특히 위의 ②와 ③에 해당하는 기업의 정보를 정확하게 파악하는 것이 중요하다. 후보자들은 직장인이기 때문에 기업으로부터 자신이 받게 되는 연봉과 복지제도에 관심이 많다.

7단계. 채용 오퍼 승낙(Acceptance)

6단계에서 고객사와 후보자 간에 입사와 관련된 조건 협의가 완료되면, 고객사로부터 후보자 채용조건에 대한 제안을 메일이나 문서를 통해 공식적으로 확인한다. 구두로 합의된 사항을 문서로 옮기는 과정에서도 고객사와 후보자 간의 이해상충이 발생한다. 헤드헌터는 고객사와 후보자 간에 협의된 채용조건이 명확하게 이해되고 공유될 수 있도록 소통한다.

먼저, 고객사에게 6단계에서 협의된 후보자의 채용조건을 공식적인 오퍼레터Offer Letter를 통해 받는다. 그리고 후보자에게 오퍼레터의 내용을 후보자에게 사인과 함께 승낙을 받아서 고객사에게 전달한다.

이러한 과정을 채용 확인서 또는 채용 제안서라고 하고 영문의 경우 잡 오퍼 레터Job Offer Letter라고 한다.

헤드헌터 Live Tip

채용오퍼는 정확한 문서로 소통한다

7 단계까지 왔다는 것은, 등산으로 비유를 하면 9부 능선을 넘은 것과 같다. 이 단계에서는 문서를 통해 정확하게 소통하는 것이 중요하다. 아직까지도 다수의 기업들은 채용제안서Job Offer Sheet를 구두로 하는 경우가 있는데, 구두로 했을 때에는 오해의 소지가 많고, 채용결정이 번복될 가능성이 증가한다. 협의된 채용조건은 3자 간(고객사, 헤드헌터, 후보자)에 문서로 공유해야 한다.

사후 업무

고객사와 후보자 간의 채용오퍼 협의가 잘 마무리된 후 후보자가 입사예정일에 고객사에 입사하여 잘 정착할 수 있도록 지원하는 단계이다.

사후관리 단계에서도 여러 변수가 발생하여 실패할 수 있다. 특히 후보자 측면에서 다양한 변수가 발생한다. 현직 퇴사 실패, 타사 합격, 개인적인 대소사 등 그 사유는 천차만별이다. 헤드헌터는 끝까지 해당 프로세스에 집중하여 성공적으로 프로젝트를 마무리해야 한다. 이 단계의 실행업무는 아래와 같다.

① 후보자가 재직 중일 경우, 현직에서의 퇴사 처리가 잘 되도록 퇴사 코칭을 한다.

② 구직 중일 경우, 타사와 진행 중인 채용 건을 중단할 수 있도록 조언한다.

③ 입사준비서류가 사전에 준비될 수 있도록 지원한다.

④ 입사를 하면, 새로운 환경에서 잘 적응할 수 있도록 커리어 코칭을 한다.

헤드헌터 Live Tip

실패하지 않는 후보자 사후업무

후보자가 기업의 핵심인재일수록 재직 중인 회사를 퇴사하는 것은 쉽지 않은 일이다. 그럼에도 불구하고 후보자에게는 이직을 해야 하는 커리어에 대한 목표가 있다. 헤드헌터는 후보자의 커리어 목표와 이직사유에 대해 공감을 해야 한다. 또한 이직을 성공적으로 하기 위해서는 이직에 소요되는 시간을 최대한 짧게 하는 것이 좋다. 길어지면 평균적으로 실패할 확률이 높다. 가능한 한 1달 이내로 이직이 되도록 한다. 헤드헌터는 성공적으로 채용프로젝트를 마무리해야 한다.

어떻게
고객을
얻는가?

영업은 '그냥' 하면 안 된다. 일면식도 없는 기업을 고객으로 만드는 영업 능력의
핵심은 '과감함'이며, 과감함의 원천은 '치밀한 준비'에 있다. 사전에 준비가 되어
있는 헤드헌터는 기회를 앞에 두고 주저하지 않는 과감함을 가지게 될 것이라 믿
는다.

4장

헤드헌터의 성장을
결정하는 요인

　기업은 제품을 판매하기 위해 기업 차원에서 다양한 영업 및 마케팅 기법을 활용한다. 제품의 특성에 따라 그 방법도 다양하다. 헤드헌터뿐만 아니라 1인 전문가로 활동하는 각 분야의 강사, 컨설턴트에서 전문 변호사, 회계사, 노무사 등에 이르기까지 고객사 개발에 어려움을 호소하는 경우가 많다.

　몇 년 전 'S'사의 전무로 퇴임하신 경영혁신 전문가와 첫 미팅을 했다. 탁월한 업무역량과 리더십을 갖춘 분으로 평판도 좋은 분이었다. "저는 기업의 어떠한 문제도 다 해결할 수 있어요. 그렇지만 영업은 어려워요. 나를 알리는 것이 민망해서 못하겠어요." 그 분이 조심스럽게 나에게 전한 말이다. 그렇다. 그 분은 당연히 영업맨이 아니고 경영혁신 전문가이기 때문이다.

또 한 분은 오랫동안 나와 허물없이 지내는 10년 차 헤드헌터 K이다. 국내 대기업과 외국계 기업에서 20년 가까이 인사 업무를 해온 인사전문가로, 꼼꼼한 일처리로 사내에 정평이 난 인재였다. 온화한 성품 덕에 대인관계도 원만하여 헤드헌터로 전향하겠다고 선언했을 때 지인들로부터 많은 응원을 받은 분이다. 나 역시 그의 성공을 확신하며 새 출발을 응원했었다. 그러나 그는 헤드헌터로서는 기대만큼 승승장구하지 못하였다. 몇몇 서치펌으로 이직하며 10년째 일하고 있지만, 만날 때마다 받는 질문은 '영업은 어떻게 해야 하나요?'이다.

한 동안은 지인들로부터 채용 의뢰를 수주하며 어느 정도 성과를 낼 수 있었지만, 몇 개의 고객사만으로는 성과를 지속하기 어렵다는 걸 알게 되었다. 그런데도 그는 영업은 자신의 성격과 맞지 않는다며 계속 등한시하였고 지금은 2–3개의 고객사만을 유지하고 있다.

고객사 개발은 '그냥' 하면 안 된다

고객사 개발에 소극적인 헤드헌터는 일정 수준 이상으로 성장하기 어렵다. 직업인으로서, 성장하지 않는다는 것은 유지가 아니라 낙오를 뜻한다. 미들맨으로서의 헤드헌터라는 존재는 채용기업과 구직자를 전제로 한다. 특히 채용을 의뢰하는 고객사가 없다면, 일을 시작조차 할 수 없다. 동료 헤드헌터와 협업하여 성과를 낼 수도 있지만 그런 방식으로는 성장에 한계가 있을 수밖에 없다.

성장의 한계나 기회 부족을 실감할 때 대개의 직업인은 일에 대한 흥미와 의욕을 잃을 뿐만 아니라, 일에 몰입하지 못하다가 결국엔 자존감까지 떨어지고 만다. 헤드헌터도 마찬가지다. 더욱이 야망을 가진 헤드헌터라면 이런 상황이 만족스러울 리 없다. 이런 관점에서 보면, '고객사 발굴 방법'을 따로 분리하여 가장 먼저 설명해야 하는 이유는 충분할 듯하다. 하나씩 고객사 발굴에 관한 이슈들을 정리해보자.

고객사 발굴은 헤드헌팅 업무를 시작할 수 있게 하는 중요한 선행 과정이기도 하지만 나아가 헤드헌터로서의 유능성을 판별하는 중요한 지표가 되기도 한다. 독자적으로 고객사를 발굴할 수 있는지가 헤드헌터로서의 성장성을 결정한다. 더 중요하게는 주 업무를 수행할 능력과 연결되는 핵심 능력이다.

일부 헤드헌터들은 고객사 발굴을 그저 기업의 인사 담당자를 찾아 인사를 하고 호감을 주면 되는 일 정도로 생각한다. 고객사 발굴 과정을 대충 '그냥 영업' 정도로 칭하며 주먹구구식으로 대처한다. 그러나 고객사 발굴을 유독 중요시하는 나로서는 이런 영혼 없는 명칭에 큰 불만을 가지고 있다. 그렇다고 이 과정이 영업이 아니라고 주장하는 것은 아니다. 다만 우려하는 것은 영업 앞에 붙여놓은 '그냥' 이라는 표현이다. '그냥 영업' 이라고 말할 때 갖게 되는 생각, 즉 어떤 고객사든 일단 만나서 대처하면 될 것이라는 생각에는 걱정하지 않을 수 없다. 20년간 현장에서 경험해 본 결과, 고객을 발굴하는 영업이야말로 가장 전략적으로 수행해야 하는 일이기 때문이다. 따라서 여기서는 고객 발굴 과정을 단계적으로 풀어서 설명하고자 한다. 부족하나마 영업을 얼마나 전략적으로 접근해야 하는지를 이해하고 공감하는 작은 계기가 되었으면 한다.

거절당한 기업을 고객사로 만드는 용기

미국 발 세계 금융위기로 대기업들까지 휘청이던 2008년의 일이다. 전 산업에 걸친 심각한 침체로 거의 채용이 모두 중단되어 우리 회사도 큰 어려움을 겪고 있었다. 몇 달간 매출이 거의 없는 회사를 이끌며 매일 무거운 발길로 퇴근을 하고, 또 다음날 아침이면 힘을 내야 했다. '힘들지만 위기상황에서도 새롭게 도약하는 기업들은 있다'며 직원들을 격려하고, 아침마다 산업 정보지를 꼼꼼히 챙겨보는 일상을 지속했다.

어느 날 아침, 기사를 통해 생활용품을 생산, 판매하는 기업인 'H'사 대표이사의 인터뷰를 보게 되었다. 국내 생활용품 시장에 성공적으로 자리 잡은 H사가 인재채용과 신제품 발매를 통해 사업 기반을 확장하려 한다는 기사였다. 그날 오전 내내 H사를 치밀하게 분석하였다. H사의 사업 연혁, 국내 진출 현황, 주요 제품군과 매출, 조직의 구성과 채용 이력까지 샅샅이 찾아 숙지하였다. 혹시 H사와 연결되는 지인이 있는지도 수소문했지만 아쉽게도 찾지는 못했다.

나는 당당하게 회사로 전화를 걸었고, 돌아 돌아 인사 실무자와 연결되었다.

"이노HR컨설팅의 헤드헌터 심숙경입니다."

"네, 무슨 일이시죠?"

"인재가 필요하다는 대표님의 인터뷰 기사를 봤습니다. 찾아 뵙고 싶어 연락 드렸습니다."

"계획 없습니다. 안 오셔도 돼요."

이 정도의 각오도 없었을까? 담당자의 무성의한 답변에도 꿋꿋하게 말을 이어갔다.

"추후에 혹시 기회가 있을 수 있으니 인사라도 드리고 싶습니다.'"

"글쎄, 채용 안 한다고요."

설왕설래하면서 분위기는 점점 안 좋아졌고 인사실무자와의 대화는 냉랭해졌다.

"K대표님께서는 자리에 계십니까?"

"네? 대표님이요?"

실무자의 대답에 긴 한숨이 따라 들려왔고, 어이없다는 표정까지 전화선 너머로 느껴졌다.

다른 방법을 써봐야 했다.

실무자의 반응에 상처받는 대신 나는 당장 회사소개서를 챙겨 들고 길을 나섰다.

회사 앞 꽃집에서 탁상용 행운목을 하나 사서 귀품 있게 포장을 한 후 기사 내용을 언급한 축하 메모를 적은 후 명함을 꽂고 대표이사실로 찾아갔다. 사전 약속도 없었으니 미팅을 기대한 것은 아니었다. 대신 비서에게 진솔한 태도로 화분 전달을 부탁했다. 직접 방문을 하였으니 퀵서비스로 전달된 화분과는 다른 취급 정도는 받을 수 있을 것이고, 화분과 함께 준비해간 내 정보는 혹시 전달될 수 있을 것이라 기대했다.

며칠 뒤, 인사 총괄 상무로부터 연락이 왔다.

"대표님께서 꼭 만나보라고 하셨어요. 짧은 산업 기사 하나를 보고 그렇게 빨리 또 적극적으로 본인을 찾아온 것이 꽤 인상 깊으셨던 모양입니다. 좋은 인재도 그렇게 적극적으로 잘 찾아주실 것으로 기대하십니다."

그렇게 시작된 H사와의 인연은 이후 계속 이어지고 확장되어 계열사의 채용 의뢰 전부를 수주하게 되었다.

요즘 종종 헤드헌터들을 대상으로 영업 교육을 한다. 이 이야기를 들려주고 의견을 들어보면, 모두 영업에는 '용기'와 '과감함'이 중요하다는 점에 공감한다. 기업의 채용 기사를 봤다 해도 자신들은 그렇게 거침없이 연락할 엄두를 내지 못했을 것이라고 하면서…. 또 어떻게 용기를 내어 연락을 했더라도 시큰둥한 반응이나 듣보잡 취급을 당하면 금세 기가 꺾여 포기하고 말았을 것이라고 말한다. 그러면서도 보통 반 이상의 헤드헌터들은 '저도 고객사 개발을 잘하고 싶지만 영업은 못하겠어요.'라고 한다.

나도 이러한 교육생들의 반응에 일부 공감한다. 그러나 주저함이 없다는 것이 영업을 잘하는 사람들의 공통적인 특징이라는 점은 분명하다. 그들은 쭈뼛대거나 밍기적대지 않는다. 기회가 보이면 지체 없이 행동하고, 거침없이 밀고 나간다.

반면, 그러한 과감함이 성격 덕이라는 해석에는 다시 생각해보라고 권하고 싶다. 단언컨대 그들의 과감성과 추진력은 성격이 아니라, 오히려 면밀한 사전 준비에서 나온다. 면밀한 사전 준비야말로 과감함의 원천이자 헤드헌터 영업의 비법인 것이다. 'H'사의 기사를 접한 후에 다양한 정보를 조사하고 숙지하는 과정에서 해당 기업을 알 수 있었기에, 자신 있게 연락하고 과감하게 밀어붙일 수 있었던 것이다. 기회가 온 것도 아침마다 산업 동향 정보를 훑으며 해당 산업에 대한 이해를 쌓아왔기 때문이다. 이 모든 것이 사전 준비의 일환이다.

다시 말하면, 헤드헌터 영업 능력의 핵심은 과감함이며, 과감함의 원천은 치밀한 준비에 있다. 이것이 고객사 발굴 방법을 단계적 절차로 설명하려는 또 하나의 이유이다. 사전에 준비가 되어있는 헤드헌터는 기회를 앞에 두고 주저하지 않는 과감함을 가지게 될 것이라 믿는다. 그런 과감함이야말로 헤드헌터 영업 능력의 핵심이다.

헤드헌터 Live Tip

"헤드헌터는 영업이지!"

헤드헌터들의 말이다. 나 역시 사석에서는 헤드헌터의 핵심 능력은 영업력이라고 말하기도 한다. 이때의 영업을 세일즈라고 해도 좋고 마케팅이라고 해도 좋다. 어떻게 부르든 헤드헌터가 하는 영업은 기업과 인재에게 전달할 세일즈 메시지를 효과적으로 전달하기 위한 활동들이다. 그 방법은 대상과 상황에 따라 콜드콜 Cold call부터 대면회의까지 다양하다. 가끔은 헤드헌팅 서비스를 설명하고 추천하는 영업 활동을 꺼리는 헤드헌터들을 만나게 되는데, 이들은 영업이 겸연쩍고 민망해서 못하겠다고 푸념하곤 한다. 그럴 때면, 헤드헌팅 업의 가치에 대한 자신의 신념을 점검해 보라고 조언한다. 스스로 확고하게 업의 가치를 믿고 있다면 영업 활동이 겸연쩍고 민망한 일이 될 수가 없기 때문이다.

헤드헌터의 영업은 인재에 대한 니즈가 있는 기업과 커리어 개발에 대한 니즈가 있는 인재를 매칭하는 활동이다. 즉 양측의 니즈를 가치로 만들어주는 전문가의 영역이다.

영업이 어렵다면, '나'를 알릴 준비부터 하자

앞에서 살펴본 사례에서 영업을 표현한 '용기', '과감함' 등과 같은 단어에 기가 꺾였다면, 다시 희망을 주고 싶다. 영업에 대한 부담으로 헤드헌터라는 직업을 어렵게 생각하는 사람들을 위해 쉽게 영업에 접근하는 팁을 공유해본다. 먼저 영업에 대한 부담을 버려라. 다만, 업에 대한 전문지식과 프로정신으로 무장을 해야 한다. 그리고 부드러움으로 나를 알려서 상대방을 끌어당기는Pull 방법을 활용하라.

먼저, 나를 알릴 준비를 하자. '기회는 준비된 사람에게 온다'는 말이 있듯이, 일하는 순간 순간을 자신을 알리는 기회로 삼는다. 일을 하면서 업에 대해 설명할 기회는 적지 않다. 이때 우물쭈물 하거나 어렵고 길게 설명을 한다면 이 일을 잘 모르거나 능력이 없는 것으로 비춰진다.

초면에 자신을 소개할 때, 가장 인상적으로 각인되는 사람은 어떤 사람인가? 특이한 이름을 가진 사람이나 글로벌 기업에 다니거나 유명인일 경우 쉽게 기억될 수 있을 것이다. 하지만, 짧은 시간에 가장 기억에 남는 사람은 자신감 있게, 자신의 일을 쉽고 재미있게 소개하는 사람이다. 이런 사람들은 자신의 업에 대한 비전과 서비스를 잘 설명한다. 자신을 통해 회사의 서비스를 알리고, 회사를 통해 자신의 능력을 어필할 줄 안다. 이것이 바로 기회가 왔을 때 그 기회를 놓치지 않는 영업의 기본 태도이다.

나는 아무것도 없는 상태에서 스스로 도전해서 기회를 만들기도 하지만, 알릴 수 있는 기회만 오면 우리 회사의 비전과 직업인 헤드헌터로서 믿고 실천하는 업의 가치, 그리고 진정성을 타인들과 적극적으로 공유한다. 기업에게는 '검증된 인재추천 서비스 통해 기업의 지속 가능한 성장 Value을 함께 합니다', 후보자에게는 '역량과 니즈에 맞춰 커리어 성장을 함께 합니다.'라고 자신감 있게 알리고 공유한다. 기업과 후보자에게 헤드헌팅 서비스가 필요할 때마다, 국내 비전 있는 HR기업이자, 믿을 수 있고 전문성 있는 헤드헌터로 '팍' 떠오르기 바란다

5장

고객사를 개발할 때 지켜야 할 원칙

일면식도 없는 기업을 고객사로 만들고 채용 의뢰까지 받으려면 어떻게 해야 할까? 고객사 발굴을 위한 영업의 기본절차는 아래와 같다.

① 어떤 기업을 공략해서 고객사로 만들지 잠재 고객사를 선별한다.

② 선별한 잠재 고객사를 접촉하여 니즈를 파악하고 가망 고객사로 전환한다.

③ 가망 고객사가 된 기업들에 대해 지속적으로 모니터링하고 관계를 구축한다.

④ 채용 의뢰를 수주할 기회를 만들어 낸다.

 * 사전에 헤드헌팅 서비스 계약서의 내용과 사용하는 용어들을 학습해서 고객사 개발 시 활용하는 것이 좋다.

이것이 고객사 개발을 위한 영업 4단계이다.

잠재고객사 선별 → 잠재고객사 컨택 → 가망 고객사 관리 → 채용 의뢰 수주

이러한 진행이 고객사 발굴의 기본적 절차이다. 하지만, 현실적으로는 기업의 특성이나 대내외적 환경변화 등 많은 변수에 의해 고객사 개발을 위한 영업활동은 다양한 모습으로 진행된다. 고객사를 새롭게 개발해야 한다면 영업 4단계의 기술을 익히기 바란다.

잠재 고객사 선별 방법

헤드헌터는 어떤 기업을 고객사로 개발해야 할까? 기업의 경쟁력은 헤드헌터뿐만 아니라 기업을 찾는 후보자들에게도 중요하다. 먼저 기업이 속한 산업과 그 속에서의 경쟁력을 살펴보고, 인재 채용의 니즈가 많고 성장 가능성이 큰 고객사를 찾아낸다. 산업군과 제품군으로 잠재 고객사를 세분화하고 선별하는 것이 출발점이다.

(1) 산업군 분류

먼저 산업군을 분류한다. 그리고 공략할 대상 산업군을 선정한다. 고객사가 될 만한 기업을 찾기 위해 여러 산업을 조사, 비교, 검토한다. 헤드헌터 자신이 특정 산업에 전문성을 가지고 있다면 여러모로 도움이 되고, 직업적으로 성장하고자 할 때 강력한 자산이 된다.

고객사 입장에서도 해당 산업에 어떤 인재가 필요한지를 판단할 수 있는 헤드헌터를 선호한다. 나아가 동종업체나 경쟁업체가 어떤 방법으로 인재를 채용하는지를 잘 알고 있는 헤드헌터를 만나 정보와 조언을 구하고 싶어 한다. 구직자 역시 자신이 일하고 싶은 산업에 대해 전문성을 갖춘 헤드헌터를 찾는다.

산업 전문성을 갖추기 위해서는 본인이 직접 경험했던 산업군을 선정하는 것이 좋다. 경험해보지 않은 산업군에 비해 이해와 분류가 수월해지기 때문이다. 그런 산업군이 없다면, 개인적으로 관심이 있거나 관련 지식이 상대적으로 많은 분야를 살펴보고 그 산업을 검토해 본다. 또한 공략할 산업을 선별할 때 향후 그 산업이 얼마나 유망한지를 살펴보는 것도 좋다. 전도유망한 산업을 알아내는 안목은 결코 쉽게 얻어지는 것이 아니므로 거시적 트렌드와 미시적인 동향 정보 등 지속적으로 산업 전반을 통찰하고 세상의 변화를 읽는 노력을 계속한다.

헤드헌터의 산업군 분류방법

산업은 어느 관점에서 보느냐에 따라서 그 분류가 달라질 수 있다. 아래의 12개의 산업군은 헤드헌팅 서비스를 중심으로 유사 제품군, 또는 인재채용 시에 그 경계를 넘나들 수 있는 산업인지를 중심으로 나눈 것이다.

금융	반도체/전기전자	자동차/기계	정유/에너지
건설/중공업	IT/정보통신	제약/바이오/의료	항공/방산
소비재	유통/물류	서비스	4차산업, 하이테크

<효과적인 인재발굴을 위한 12개의 산업>

물론 첨단기술Hi-tech에 의해 산업구조가 고도화되면서 분류 간의 경계가 모호해지는 산업군이 증가하는 추세다. 이러한 기술의 진보에 의하여 나타나는 새로운 업종들은 기술이 적용되는 범위 및 시장에 따라 분류하는 방법이 다양하다. 4차 산업, 소프트파워 산업, 스마트 테크놀로지 산업, 플랫폼 산업, 블록체인 산업, 비대면 산업 등이 그 예이다. 대표적인 기술로는 가상현실, 로봇, 인공지능, 3D, 사물인터넷 등이 있다. 이러한 첨단 기술은 기존 산업과 융복합적으로 함께 발전하고 있다. 예를 들어, 반도체 산업은 4차 산업군 기술로 분류되는 5G, 인공지능, 클라우드, 사물인터넷, 자율주행차 등에서 활용도가 높아지고 있다. 이러한 업종의 경계가 모호해지는 변화는 직업의 융복합으로 이어지고 있다.

거의 모든 업종에 IT기술이 적용되다 보니 자동차, 반도체, 유통/물류, 공공분야 등 전체 산업이 소프트웨어 개발, 데이터 분석, 인공지능 분석, 블록체인 응용, 빅데이터 등 IT기술 관련 전문가를 찾고 있다. 헤드헌터라면 융복합 산업을 이해하고 유연하게 대응할 능력을 키울 필요가 있다. 인재발굴을 위한 주요 업종과 세분업종을 구분하는 방법은 부록 3. [인재발굴을 위한 산업(업종)별 분류표]에서 참고하기 바란다.

(2) 제품군 분류하기

기업을 쉽게 이해하고 접근하기 위해서는 선정한 산업을 다시 제품을 기준으로 분류하는 것이 좋다. 그리고 제품군은 다시 기업별로 세분화한다. 즉 산업 전체를 산업별(대분류), 제품군별(중분류), 기업별(소분류)로 세분화한다.

중분류: 산업군별 제품(서비스)로 나눈다

금융산업을 제품(서비스)별로 나누면 은행, 보험, 증권, 자산운용 등으로 분류된다. 그리고 반도체 산업의 경우에는 종합제조IDM, 설계Fabless, 생산전문Foundry, 조립Packaging, 장비Equipment, 원료/재료material 등으로 분류할 수 있으며, 소비재 산업은 화장품, 패션/의류, 식음료, 식자재, 생활용품 등으로 분류된다.

소분류: 제품군별 기업을 매칭한다

대분류(산업군)와 중분류(제품군/서비스)에 기업을 연결한다.

■ 금융 산업군의 경우 은행권에 우리은행, 국민은행, 신한은행 등이 있고, 보험에는 삼성생명, 교보생명 등의 국내 기업과, 뉴욕생명, AIG 등의 외국계 기업이 있다. 증권에는 NH투자증권, 삼성증권 등이 매칭된다.

■ 반도체 산업군의 경우 종합제조IDM 영역에 삼성전자, SK 하이닉스 등의 국내 기업과 인텔, 마이크론 테크놀로지 등의 외국계 기업이 있다. 반도체 설계(IC 디자인) 영역의 대표기업은 퀄컴이다. 조립업체들을 살펴보면 웨이퍼wafer조립 혹은 패키징packaging을 하는 시그네틱스, STS반도체 등의 국내 기업과 앰코, 칩팩, ASE 등의 외국계 기업이 있다. 반도체 장비업체로는 주성ENG, 신성ENG, 미래산업 등의 국내 기업들이 있다.

■ 소비재의 경우는 화장품, 의류, 패션, 식음료, 식자재, 생활용품 등으로 중분류되며, 그 중 화장품의 경우에는 LG생활건강, 아모레퍼시픽, 한국콜마, 코스맥스 등의 기업이 있다.

(3) 기업정보 분석

제품군별로 기업을 선별하고 해당 기업의 정보를 수집한다. 공략할 산업을 정하고 그 산업의 제품군별 주요 기업들을 열거하였다면, 기업별 정보를 수집한다. 그 정보는 기업의 일반 정보, 동향 정보, 채용 정보 등으로 구분된다.

일반 정보	동향 정보	채용 정보
· 업종, 제품/서비스 · 연혁, 매출, 직원수 · 소재지	· 최근 사업 성과 · 신규 사업 및 제품 · 시장 반응 및 전망 · 조직변화, 인사이동, 기업평판	· 채용현황 및 계획 · 채용이력, 채용 담당자 · 헤드헌팅 펌 활용이력

<잠재고객사 선별을 위한 기업의 정보분석 3가지>

기업의 일반 정보는 대표자, 소재지, 매출 규모, 임직원 수 등의 기본 정보부터 기업의 경쟁력, 내부정보 등 심층정보까지 다양하다. 기업정보는 계속 변화하므로 공신력 있는 채널을 통해 수시로 업데이트 한다.

기업 선별을 위한 정보분석 방법은 첫째, 기업의 제품이나 서비스, 매출, 직원 수 등의 일반 정보는 공신력 있는 기관에서 제공하는 기업의 결산자료를 통해 확인한다. 둘째, 기업의 최근 동향정보는 업종별 동종업계 관련 온/오프라인 자료를 통해 확인한다. 최근 기업의 성과, 신규 사업, 임원의 승진이나 인사이동, 조직의 변화 등이다. 셋째, 최근 몇 년간의 채용이력부터 현재의 채용현황, 향후계획, 채용 담당자, 서치펌 활용 여부 등의 채용 정보는 잡 포털이나 채용 관련 커뮤니티 정보 등을 활용하여 분석한다.

또한 비공식적인 경로인 인맥을 적극 활용한다. 인맥은 헤드헌터의 적극적인 대외 활동을 통해 만들어진다. 가장 좋은 방법은 자기개발을 하면서 인맥을 넓히는 것이다. 교육이나 세미나, 포럼 등에 참석하며 업계에 재직 중인 인재들을 만나 관계를 쌓는 것이 좋다. 헤드헌터에게 그들은 후보자 풀pool이 될 뿐 아니라 기업 정보와 산업정보를 생생하게 전해줄 정보원이 될 것이다.

[부록 4. 기업정보 분석과 검증을 위한 사이트]

헤드헌터 Live Tip

영업 메시지를 효과적으로 알린다

헤드헌터의 전문 분야가 반드시 하나의 산업이어야 할 필요는 없다. 나 역시 여러 산업군(특히 반도체/전기전자, IT, 소비재)에서 전문성을 인정받고 있고, 그 비중을 조정할 생각도 당분간 없다. 여러 산업에 대한 전문성을 키우고자 할 때, 이왕이면 산업 간 관련성이 있으면 좋다. 산업 동향이나 인적 네트워크 등이 연결되어 있으니 일을 하기에도 효율적이고, 무엇보다 자신을 알리기에 용이하다.

또한 자신의 전문 산업분야를 잘 활용해서 기억하기 좋은 통합적인 메시지로 알릴 수 있어야 한다. 고객을 위해 하나의 전문분야, 또는 통합된 전문분야로 알리는 것이 효과적이다. 이러한 메시지는 한 번에 성공적으로 알릴 수 있는 '원샷 메시지'One shot message로 전달하는 것이 중요하다.

'반도체 전문헤드헌터 ooo입니다.'

'Tech인력 전문헤드헌터입니다' 또는 '인재매칭전문가 ooo입니다.'

잠재 고객사 컨택하기

효과적으로 잠재고객사를 관리하기 위해서는, 먼저 기업의 규모에 따라 비율을 고려해서 선별하는 것이 좋다. 이상적인 고객사 선별비율은 대기업/글로벌기업 20%, 중견기업 40%, 중소벤처기업 20%, 기타 20% 정도를 유지하는 것이 가장 효과적이다.

(1) 효과적인 잠재 고객사 선별 방법

대기업 비중을 일정 수준 이상으로 유지해야 하는 이유는 대기업의 신 산업 추진 동향이나 사업 방향이 중견기업이나 중소벤처기업에 연쇄적으로 영향을 미치기 때문이다.

그리고 중견기업의 비율을 높게 가져가는 이유는 하향 매칭의 성공률이 상대적으로 높기 때문이다. 예를 들어 대기업의 조직 개편과 인사 이동으로 다수의 인재가 이탈할 경우 대기업 인재를 수용할 중견기업 고객사를 다수 보유하고 있다면, 신규 매칭에 성공할 확률이 증가한다.

중견기업이나 중소기업에는 같은 업종의 대기업에서 핵심 프로젝트를 수행한 경험과 능력을 보유한 인재를 채용하고자 하는 니즈가 늘 있기 마련이다. 인재 입장에서도 대기업에서 중견기업으로의 이직은 조직의 핵심인재와 리더로 성장할 수 있는 기회로 작용할 수 있다. 따라서 헤드헌터는 중견기업 고객사를 넉넉히 보유하는 것이 사업적으로 도움되고, 직업적으로도 보람을 느낄 수 있는 바탕이 된다.

(2) 인사담당자와 접촉하기

잠재 고객사를 선별하였다면 해당 기업의 인사 담당자를 접촉한다. 잠재 고객사의 인사담당자를 접촉하는 방법은 전화, 메일, SNS, 무엇이든 상관없다. 관건은 접촉 시도 여부 자체이다. 좋은 명분이 있으면 더욱 도움이 된다. 잠재 고객사의 채용 공고에 대한 문의가 가장 유용한 명분이지만, 서비스 소개나 안부 인사만으로도 충분히 접촉 가능하다. 처음 접촉을 시도할 때는 인사 → 제안 → 요청의 순서로 한다.

인사	제안	요청
인사, 간단한 소개 (기업의 연관성 중심)	서비스의 내용과 필요성 설명 (기업의 현안 중심)	담당자 연락처 정보, 미팅 요청 (고객사로 관리 시작)

<최초 접촉 시 대화 구성 및 포인트>

■ 인사

가벼운 인사말과 자기소개로 시작한다.

인사는 잠재고객사와의 연관성을 고려해서 하는 것이 좋다. 회사와 서비스를 소개할 때도 잠재고객사와의 연관성 있는 산업/제품/인재DB 등을 고려해서 한다.

■ 제안

자기소개와 함께 헤드헌팅 서비스를 제안한다.

'저는 ○○ 업종의 전문 헤드헌터입니다. 귀사의 ○○포지션에 인재를 추천해 드리고 싶습니다'와 같은 맥락이다. 이때 기업의 현안(동향정보, 채

^{용현황)}에 대한 정보나 구체적으로 제안할 것이 있다면 큰 도움이 될 수 있다. 접촉 결과가 긍정적일 뿐 아니라 접촉 과정에서도 위축감이 줄어들기 때문이다. 용건이 잘 전달되고 호응을 얻었다면 대면 미팅 기회를 가질 수 있도록 노력한다.

■ 요청

미팅 확답을 받지 못하더라도 최소한 담당자 정보를 확보한다.

담당자에게 정기적으로 안부 인사를 하는 것은 물론 공채를 비롯한 채용 공고를 보면 별도로 연락하여 정보를 수집하거나 서비스를 제안한다.

가망 고객사 관리하기

성공적으로 접촉을 하고 기업의 니즈가 파악된 잠재 고객사는 가망 고객사로 전환하여 관리한다. 가망 고객사에 관한 정보를 자세히 모니터링 한다. 중요한 것은 기업으로부터 채용 의뢰를 받을 기회를 늘리는 것이다. 이를 위해 기업별 포트폴리오를 만들어 관리하면 좋다. 어떤 전략을 세워 고객사에 대응하느냐에 따라 채용 의뢰를 받을 수도 있고 헤드헌터의 평판도 달라진다.

가망 고객사 이력관리 Key
- 기업의 이력 관리를 시스템화하여 세일즈 포트폴리오를 관리한다.
- 인사담당자 변동 사항을 확인하고 권한과 책임의 변화를 인지한다.

- 핵심기업으로 전략적 관리가 필요할 경우, 인사 관련 키맨(keyman, 의사결정자)과 주요 부문의 수장을 함께 기록한다.
- 기업별로 대대적인 조직 변동과 인사 이동 시기를 파악하여 최소 연 1~2회 해당 정보를 업데이트한다.
- 기업별로 등급을 두어 업무의 효율성을 높인다. 등급을 매기는 기준은 다양하다.

  기업의 인지도, 후보자의 선호도, 기업의 성장 가능성, 연간 채용 건수와 계약 조건, 인사담당자의 우호도 등이다.

채용의뢰 수주하기

고객사 개발은 앞의 3단계를 꾸준히 실행하면 채용의뢰 수주단계로 자연스럽게 넘어온다. 앞의 3단계 없이 수주를 받으려고 하거나 '그냥' 고객사를 개발하려고 하니까 영업이라는 말만 들어도 막막하고 민망해진다. 가망 고객사로부터 채용의뢰 관련 문의를 받으면 아래의 기본원칙에 따라 수주로 이어지도록 한다.

(1) 채용의뢰 수주 시 기본원칙
- **가급적 미팅을 통해서 수주를 한다.**

전화/이메일로 기업의 채용내용을 파악하기에는 어려움이 많다. 채용과 관련된 내부 환경, 채용부서의 요구사항, 조직문화 등 전화로 파악하기 어려운 내용을 미팅을 통해서 파악한다.

■ 미팅은 최대한 빠른 시일 내에 한다.

채용의뢰를 한 서치펌에만 의뢰하는 경우보다 평균적으로 2-3곳 업체에 의뢰하는 경우가 많기 때문에 가급적 빠르게 미팅을 해서 정확한 기업정보와 JD를 파악한다.

■ 채용의뢰 내용은 수시로 재확인을 한다.

생각보다 자주 기업의 채용니즈에 변화가 생긴다. 조직개편, 사업전략변화, 임원변동 등 내부의 변화부터 국내외 산업 및 경제의 갑작스러운 환경 변화까지 수시로 재확인하면서 채용의뢰 내용을 확인한다. 최근에는 IT개발자에 대한 수요가 많고 채용과 이탈 변수가 많아서 기업의 채용담당자와 수시로 상황을 확인하면서 진행한다.

채용의뢰와 관련해서 잠재 고객사와 미팅이 잡히면 꼼꼼하게 체크하여 계약으로 연결할 수 있도록 한다. 미팅 시 JD를 중심으로 아래와 같은 정보를 기업에서 확인할 수 있도록 한다.

(2) 채용의뢰 미팅 시 점검사항

- ■ 기업의 기본정보 관련 확인
  - 기본정보 확인(업종, 생산/서비스 제품),
  - 채용이력(상시채용 포지션, 핵심직군 포지션) 등
- ■ 주요직무와 자격요건
- ■ 채용정보 관련사항
  - 채용부서: 부서명, 직급(직책), 채용부서 인원, 보고라인 등
  - 서류전형: 서류전형 유형 및 필수서류 항목 (자격증, 외국어 여부)

– 면접절차: 면접절차 및 면접관

– 채용사유: 신규/충원 여부

다음은 고객사와 첫 미팅 시 항상 듣게 되는 질문이다.

Q1. 인재 채용 시장의 최근 트렌드는 무엇인가요?

Q2. 어떤 업종을 전문적으로 서비스하시나요?

Q3. 우리 회사와 동종업계에 속하는 기업들에게 헤드헌팅 서비스 경험이 있으신가요?

Q4. 인재 DB는 어느정도 보유하고 있나요?

Q5. 인재매칭 성공률은 어느 정도 되시나요?

고객사에서 궁금해하는 정보에 대해서는 꾸준한 데이터관리를 통해 실시간으로 공유할 수 있도록 시스템으로 관리하는 것이 좋다.

고객관리 시스템의 중요성

고객을 효과적으로 관리하기 위해서는 고객관리 시스템이 필요한다. 고객사 개발을 위한 영업의 4단계 (잠재고객사 선별, 잠재고객사 접촉, 가망고객사 관리, 채용의뢰 수주하기) 활동 이력부터 이미 개발한 고객사의 기본정보, 채용진행여부, 채용의뢰 포지션의 직무기술서 등 모든 현황은 내부 고객관리시스템에 등록 및 업데이트하여 실시간으로 확인할 수 있어야 한다. 개별 고객의 이력이 쌓여 전체 고객사 현황이 되고, 이것이 산업별, 동종업계별, 고객사별 등 다양한 자료를 분석하는 바탕이 된다.

    이렇게 축적된 정보는 특정 산업군에 대한 전문성을 갖추고 새로운 고객사를 개발하는데 있어서 중요한 정보로도 활용할 수 있다. 또한 실시간으로 업데이트된 데이터를 통해 현재 진행하는 채용건수별, 채용 포지션별, 후보자별 등 다양한 정보를 활용하여 고객의 니즈에 빠르고 정확하게 대응할 수 있다. 이러한 시스템은 고객과 신뢰할 수 있는 비즈니스 관계를 장기적으로 유지하는데 중요한 역할을 한다.

    아래는 이노HR컨설팅의 고객사 관리 시스템I-smart이다. 고객사별로 영업수주부터 채용프로젝트 진행현황, 성공유무, 소요시간 등 다양한 정보를 한눈에 확인할 수 있다.

채용정보	고객사정보	후보자정보	채용포지션(JD)	메일링크
마이페이지	자료실	관리자기능	홈페이지	기업의뢰

▼ 업종별 고객사 현황

업종	고객사(수)
반도체/전기전자	153
기계/자동차	74
화학/에너지/환경	58
정유/석유	16
제약/의료/바이오	73
정보통신/IT	150
건설/플랜트	27
금융	50
소비재	138
유통/물류	35
서비스	100

▼ 기업별 채용포지션 진행현황

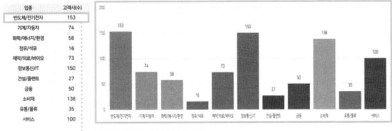

기업명				
업종	전기/전자·반도체 제조		고객사 영업담당자	심숙경
주요 프로젝트	전기전자부품/연성인쇄회로기관(FPCB)제조			

총 집행건수	50건
서칭	30건
추천	0건
서류검토	0건
면접	0건
연봉조율	0건
채용성공	11건
채용실패	4건
보류	5건

순번	등록일자	마감일	잔여일	직무키워드	채용제목	컨설턴트	진행상태	후보자수
1	2021-07-04	2021-07-14	10	제조기술엔지니어(PCB)	PCB제조업체 제조기술 엔지니어	심숙경	채용성공	6명
2	2021-05-27	2021.06.30	7	품질기획.품질개발	PCB제조업체 품질관리 임원급	심숙경	서칭	1명
3	2020-12-16	채용시까지	0	자금관리	국내 중견기업 자금관리 팀장급	심숙경	서칭	0명
4	2020-07-08	채용시까지	0	재무회계	국내 중견기업 재무회계 팀장급	심숙경	채용성공	3명
5	2020-05-08	2021.05.20	0	경영관리	국내 물품제조업 경영관리 임원급	심숙경	채용성공	2명

<참고자료. 이노HR컨설팅의 고객관리 시스템(I-smart)현황>

어떻게 고객을 얻는가?

채용공고도 없는 기업에
인재를 매칭하다

기업을 선별하는 능력이 없던 초보 헤드헌터 시절에는 정말 많은 삽질(헛된 일)을 했다. 대리석을 갈아서 기능성 화장품을 만든다는 회사, 중국투자사로부터 곧 대형투자를 받을 예정이라는 웹 검색 회사, 대기업 대형 프로젝트를 수주할 것이라는 IT컨설팅 회사 등 기업의 말만 믿고 후보자를 반드시 추천해야 한다는 무한 책임감으로 일을 했던 때가 있었다. 누구를 탓하겠는가! '경험은 최고의 스승'이라는 말이 있듯이 그러면서 고객사를 검증하고 선별하는 능력을 갖게 되었다.

기업을 선별하는 능력은 고객사를 발굴할 때 자주 활용하는 기술이기도 하지만, 인재에게 맞는 기업을 찾아 줄 때도 큰 도움이 된다.

몇 년 전 고객사의 고위임원이신 S님으로부터 연락이 왔다. '퇴사를 계획하는데 이직할 기업을 추천부탁 드립니다'. 이분은 PCB$^{Print\ circuit\ board}$ 전문가로 정평이 나 있는 분으로, 대기업의 R&D와 제조기술을 거쳐 젊은 나이에 중견기업 전문경영인 커리어를 갖고 있었다. 나는 S님의 역량을 필요로 할만한 기업을 써칭했다. 먼저 S님이 경험한 경력회사가 속한 산업군과 제품이 같은 동종 기업을 찾아, 대기업과 중견기업 3–4군데로 후보 기업을 좁혔다.

때마침 산업기사를 보았는데, 타켓target 기업 중 하나였던 'K'사가 공급한 부품이 원인이 되어 글로벌반도체 기업의 최종제품에서 대량불량이 발생했다는 내용이었다. 우선 'K'사 내부의 품질 인력을 파악해 보니, 품질부문의 임원이 공석이었다. 바로 'K'사 대표이사님의 이메일 주소로 초면인사와 함께 헤드헌터로서의 나의 전문성을 간략하게 정리해서 메일을 보냈다. 다음날 'K'사로부터 연락이 와서 미팅을 요청하셨다.

나는 미팅 때, 핵심역량과 리더십 등 검증된 평판을 중심으로 S님을 소개했다. 그리고 인지도가 있던 분인 점을 고려하여 비밀리에 식사 인터뷰 자리를 마련했다. 이 일을 계기로 'K'사로부터 공장별, 공정별 엔지니어 채용 건 까지를 수주할 수 있었다.

잠재 고객사를 선별하는 기술을 가지고 접근했던 사례이다. 산업군을 분류하고, 제품군을 이해하고, 해당 기업을 깊이 파악하고 분석했기에 가능했던 성공 프로젝트였다.

어떻게
인재를
성공적으로
매칭하는가?

인재를 매칭하는 기술은 헤드헌터의 핵심역량이 발휘되는 결정적 장면 중 하나이다. 글로벌 거대기업들은 최고의 인재를 영입하기 위해 모든 기술과 방법을 활용하고 있다. 그리고 '무슨 수를 쓰더라도' 최고의 인재를 잃지 않으려고 노력을 한다.

6장

매칭 설계의 시작, 직무기술서(JD) 작성

고객사로부터 받은 채용의뢰를 정확하게 분석하기 위해 직무기술서 JD를 만드는 과정이다. JD를 만드는 작업은 헤드헌터의 주 업무 중 첫 번째 단계이자 시작이다. JD를 어떻게 작성 하느냐에 따라 후보자의 대상 Target과 방향이 바뀐다. 따라서 JD 작업은 헤드헌터가 갖춰야 할 핵심 업무 역량이다. JD는 기업과 후보자 간의 원활한 소통을 위해 반드시 필요하기 때문이다.

고객사에서 받은 1~2줄의 채용의뢰 내용만 가지고 일을 하거나, 잡 사이트에 있는 고객사의 채용 정보를 그대로 후보자에게 전달하는 헤드헌터도 있다. 심지어 고객사로부터 받은 JD가 없다면서 구두로 채용 관련 내용을 설명하고 후보자에게 이력서를 작성해 달라고 요청하는 경우도 있다.

다시 강조하자면 고객사가 제공한 JD가 있든 없든, 헤드헌터라면 반드시 채용 의뢰 포지션에 맞는 정확한 JD를 만들 수 있어야 한다. 헤드헌터는 반복적인 학습과 경험을 통해 JD를 만드는 역량을 개발해야 한다.

직무기술서의 주요기능

직무기술서JD 작업은 기업의 채용의뢰를 정확하게 분석하고 채용포지션에 대한 구체적인 정보를 기술하는 일이다. 이러한 JD의 주요 기능은 아래와 같다.

① 고객사의 채용의뢰의 방향과 타켓target후보자를 파악한다.

② 헤드헌터의 주 업무 프로세스의 기준이 되는 정보이다.

③ 대내외적인 소통의 도구이다.

– 고객사와 후보자를 매칭하기 위한 소통의 도구이다.

– 후보자와 채용정보 공유를 통해 지원 여부를 결정하게 하는 자료이다.

– 내부 동료들과의 정보소통의 중심 역할을 한다.

위와 같은 기능을 하는 JD에는 크게 3가지의 정보가 포함된다. 기업정보, 핵심직무, 자격요건이다. JD를 통해 기업은 채용조건을 알리고, 후보자는 자신이 원하는 기업과 조건 등이 맞는지를 판단하는 데 사용한다.

직무기술서(Job Description)	
	채용포지션 : 기업명-핵심직무-직급
기업정보 - 일반정보, 동향정보 - 인사 및 처우관련정보	
핵심직무(Role & Responsibilities) - 직무분석 - 역량분석	
자격요건(Qualification & Requirement) - 기본조건 - 필수조건, 우대조건	

[부록 5. 채용의뢰사의 채용포지션 직무기술서(JD)]

기업정보

채용의뢰를 한 기업에 대한 정보이다. 이 정보를 통해 후보자는 크게 3가지를 확인한다. 기업의 안정성, 인지도, 처우조건이다.

■ 기업의 안정성을 확인하기 위해서 공신력 있는 공시자료나 검증된 정보를 확인한다. 기업의 기본정보(업종, 제품/서비스, 재무현황, 임직원수

^{등)}를 통해 기업의 안정성 여부를 파악한다.

- 대내외적인 평판을 통해 인지도를 확인한다. 최근 MZ세대의 경우 기업문화와 근무환경을 많이 본다. 사회적 책임^{CSR: Corporate Social Responsibility}을 중시하는 경향도 있다. 특히 기업평판이 좋지 않으면 지원조차 꺼리는 후보자가 많다.

- 후보자의 경제활동과 직접적인 관계가 있는 연봉정보와 복지를 확인한다.

아래와 같이 기업을 분석 및 검증한 후 후보자에게 잡^{Job}포지션을 제안한다.

	정보구분	검증항목
기본정보	**기본정보 1 (일반정보)** - 업종, 주요제품/서비스 - 재무현황(매출, 순이익 등) - 직원 수, 위치	안정성 (매출액, 수익률, 임직원수)
	기본정보 2 (동향정보) • 대외적인 평가 - 업종별 매출순위 - 제품/브랜드 정보, 수상내역 등 - 대내외부적 평가, 기업평판	인지도
인사 및 처우 관련정보	- 조직체계, 직급체계, 직책 - 연봉수준, 복지제도 - 인재상, 핵심가치, 조직문화, 근무환경 etc	처우조건 기업문화

<채용의뢰사의 기업정보 분석을 통한 기업검증>

기업분석을 통해 후보자에게 어떤 동기부여를 할 수 있는지를 파악한

다. 직장 선택 시 가장 중요한 고려 항목은 기업의 안정성이다. 위의 3가지 검증 결과가 모두 좋다면 좋겠지만, 그렇지 않더라도 후보자의 이직에 대한 니즈와 기업을 매칭해 볼 수 있다. 즉, 스타트업의 경우 처우조건 등은 안정적이지는 않더라도 비전 있는 기업을 찾는 후보자에게는 기본정보 2를 활용하여 잡매칭을 시도할 수 있다.

핵심직무(Role & Responsibilities)

채용포지션의 핵심업무와 구체적인 하부단위 업무를 기술한다. 또한 직무수행 시 요구되는 역량(리더십, 소통, 팀워크 등)을 기술한다. 핵심직무를 분석하는 것은 헤드헌터는 물론 인사담당자도 많이 어려워하는 영역이다. 자신이 수행하는 업무가 아니기 때문이기도 하고, 직무분석을 하는 기술이 부족하기 때문일 수도 있다.

> **직무분석 방법과 순서는 다음과 같다.**
> ① 먼저 **핵심직무를 파악**한다.
> ② 핵심업무를 수행할 때 해야 하는 **일(프로젝트, 태스크)을 파악하고 세부적으로 기술**한다.
> ③ 세부적으로 나열된 업무를 **중요도와 우선순위에 따라 순차적으로 기술**한다.

보통의 경우 기업의 부서명과 핵심 직무가 매칭되는 경우가 많다. 그러나 최근에는 IT 기술Tech을 중심으로 부서 간의 기능이 융합되거나, 전략적으로 기업만 아는 상징적인 이니셜^{initial}로 사용하여, 쉽게 짐작하기 어려울 때가 많다. 이런 경우에 헤드헌터가 미리 내용을 확인해야 한다. 설명도 없이 후보자에게 JD를 보내면 후보자들은 당황한다.

반도체 설계회사인 'Y'사의 인사팀에서 JD와 함께 마케팅/팀장 후보자 추천을 요청해왔다. 그러나 JD에는 마케팅 직무의 일인 '제품 마케팅 기획/개발/운영' 등의 내용은 전혀 없이 '고객사관리, 매출관리' 등의 내용만 적혀 있었다. 인사담당자에게 연락을 했다.

"마케팅 포지션이 맞나요? 영업관리 포지션 같습니다."

"글쎄요, 저도 마케팅 팀에서 받은 내용 그대로 전달했는데요."

여러 번 확인을 통해 Y사는 '영업'이라는 부서명을 모두 '마케팅'으로 바꿨다는 걸 알게 되었다.

국내 스타트업 기업인 'S'사가 있다. IoT기반의 스마트팜을 운영하는 회사로서 농촌지역을 기반으로 영업하는 부서가 있었다. 이런 유형의 부서에는 보통 건설사업, 건설영업 등의 부서명을 사용하는데 S사는 '솔루션사업팀'으로 부른다. 테크^{Tech}기업 이미지를 전략적으로 드러내면서 사업 전략 노출을 방지하기 위함이다.

JD의 부서명과 직무내용이 상반되는 경우, 그 이유를 확인해서 후보자와 소통 시 활용할 수 있도록 해야 한다.

JD의 직무분석은 다음 표와 같이 핵심직무와 역량을 중심으로 기술해야 한다.

	정보구분	분석내용
직무 분석	- 핵심직무 - 핵심 프로젝트 1, 태스크 1 수행 - 핵심 프로젝트 2, 태스크 2 수행 - 핵심직무 수행역량 및 성과 - 특정산업군, 동종업계에 대한 경험 및 이해	직무역량
역량	- 대내외적인 커뮤니케이션(소통)역량 - 팀/조직의 리더십역량	리더십역량

자격요건(Qualification & Requirement)

분석된 직무의 원활한 수행을 위해 필요한 자격조건을 기술한다. 직무를 수행하는데 필요한 요건과 우대 사항을 반드시 나누어 파악하여야 고객사와 후보자의 매칭을 효과적으로 진행할 수 있다.

	정보구분	검증항목 (필수조건/우대조건)
자격 요건	**필수조건** - 전공, 전문대/학사/석/박사, MBA - 자격증 여부, 외국어 가능 여부 - 직급별 관련경력 년수+, 총 경력 년수+ - 핵심직무, 해당 프로젝트 경험 및 역량	학교.전공.자격증 직급별 핵심직무, 역량
	우대조건 - 동종업계, 관련 산업군/제품군에 대한 경험, 이해 - 기업의 인재상 부합 여부 - 조직 적응력, 적극성, 로열티(loyalty) - 소통, 리더십, 평판 등	선호기업 인재상 보유능력

기업의 채용 니즈에 따라 필수조건과 우대조건들은 서로 이동 가능하다. 먼저 업무 수행에 필요한 필수 전공이나 자격증이 있는지 파악한다. 예를 들어, 제약회사의 연구소장이 제제 연구와 국책과제 등을 수행하려면 반드시 박사학위나 약사면허가 있어야 한다. 상장[IPO]을 계획하는 기업은 회계사 면허가 있는 사람을 원하는 경우가 많다. 이럴 경우 필수사항은 반드시 만족되어야 한다. 동종업계에 대한 경험과 이해도를 우대하는 기업의 비율은 의외로 높다. 또한 기업의 인재상이 무엇인지도 확인한다. 자격요건이 정확할수록 기업 니즈에 맞는 후보자의 범위가 명확해질 수 있다.

직무역량 중심으로
직무기술서(JD) 작성하기

'B'사의 임원으로부터 빠르게 인재 추천을 받고 싶다는 연락이 왔다. 재무팀 팀장급이었다. 통화를 하면서 B사를 검색해 보니 국내 IT/정보통신 업종 중 IT솔루션을 제공하는 기업으로 코스닥 상장사였다.

"먼저 직무기술서^{JD}를 보내 주시면 확인 후 연락 드리겠습니다"

"그런 거 없는데요. 헤드헌팅사에서 알아서 해 주시는 거 아닌가요?"

채용 의뢰 기업이 JD를 주면 좀 더 정보를 빠르게 확인할 수 있기 때문에 후보자 발굴하는 데 도움이 많이 된다. 그러나 없는 경우도 많다. JD가 없다면 헤드헌터가 직접 만들어야 한다.

JD 없이 기업의 채용니즈에 맞는 후보자를 발굴하거나 후보자와 소통을 하는 것은 안 하느니만 못하다.

사례1) 'B'사에서 JD도 없이 요청한 재무팀의 부장급(팀장) 채용 포지션에 대해 헤드헌터가 작성한 JD

'B'사 재무회계 부장급(팀장)

기업정보 : 'B'기업 (www.bbb.com)
국내 IT/정보통신 업종, IT솔루션 개발 및 서비스, 코스닥 상장
설립: 2016년, 대표이사: B사 대표
매출액: 2000억 원(2020년), 임직원수: 500명, 위치: 서울 성수동

직무내용
— 재무회계, 세무회계 업무 총괄
— 월/반기/년 결산업무, 세무 관리
— 세무조사, 세관조사 및 공정거래위원회 등 대응업무
— 연결재무제표 작성 및 연결 주석사항 작성

자격요건
— 4년제 대졸이상
— 전공: 회계 관련학과 우대
— 관련업무경력 10년 이상, 총 경력 15년 이상
— 연결재무제표 보고작성 필수
— 제조업 재무회계 경력자, 상장제조사 연결결산 업무 경력 우대
— 경영/경제/회계 관련 지식과 숫자에 꼼꼼하고 기획력 있는 분 선호
— 대내외적으로 소통능력 및 리더십 능력 우수하신 분

사례 2) 구두로 신설하는 '조직문화 활성화팀'의 이사급 추천 요청에 대
　　　해 작성된 JD

'E'사 조직문화 이사급

기업정보 : 'E'기업 (www.eee.com)
국내 대형유통/물류 서비스
설립: 1972년, 대표이사: 'M'사 대표
매출액: 3.0조원(2020년), 임직원수: 5,000명, 위치: 서울시 양재동

핵심업무
― 전사 조직문화 전략 수립 및 실행
― 비전과 핵심가치 기반의 조직문화 기획 및 운영
― 조직문화 구축 및 핵심가치 내재화 업무 추진
― 조직문화 실행을 위한 교육과정 개발 및 운영
― 전사 변화관리 A-Z실행 및 조직문화 활성화

자격요건
― 석사이상, MBA우대
― 관련경력 10년 이상, 총 경력 15년 이상
― 핵심가치 내재화 및 조직문화 활성화 실행 경험
― 조직문화 The way 방법론 기획 및 실행 경력자
― 영어가능자 필수
― 글로벌 HR컨설팅 펌 경력자 우대
― 글로벌 마인드와 커뮤니케이션 소통이 탁월하신 분 우대

7장

매칭을
실행하다

후보자 발굴하기

'후보자를 어떻게 알고 찾으시나요?' 너무 광범위한 질문이기도 한데, 자주 듣는 질문 중 하나이다. 후보자 발굴은 JD와 매칭되는 후보자를 찾아내는 과정이다. 그리고 이 과정은 헤드헌터의 가장 중요한 역량이라고 해도 과언이 아니다. 후보자 발굴에 활용한 700개 이상의 JD를 분석한 결과, 주요 타겟 후보자군은 다음과 같다.

① 평균 직급의 경우: 과장급 이상의 경력직 전체 80% (임원급 30%이상 차지함)

② 직무의 경우: 개발부문 50%, 영업 25%, 관리부문 25%

③ 우대사항: 동종업계 또는 관련 업종 경력 후보자

고객사와 매칭에 성공한 후보자의 역량과 특징을 살펴보면 아래와 같
은 패턴이 확인된다.

① 관련 동종업계, 제품군에 대한 경험과 이해가 있는 후보

② 업무 역량 탁월, 검증된 성과

③ 인성 우수, 친화력과 리더십 우수

즉 고객사가 영위하는 업종과 제품군에 대한 이해가 있고, 해당 직무
에 대한 풍부한 경력과 역량이 검증되고, 조직에 친화적으로 적응할 수
있는 후보자를 발굴하면 매칭 성공률을 높일 수 있다. 위 조건에 맞춰 후
보자 발굴하는 방법을 4단계로 나눠 살펴보자.

(1) 후보자 발굴을 위한 Work-Plan 4단계

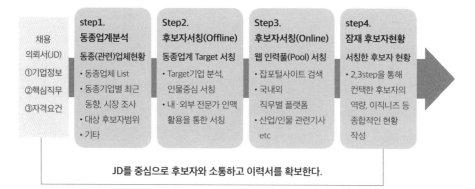

후보자의 이력서 접수 → 후보자의 업무경험, 역량, 이직니즈 등 정보확인 및 검증을 동시에 진행한다.

우선, 후보자 발굴을 위한 실행계획을 세우는 것이 중요하다. 고객사

의 채용프로젝트에는 헤드헌터의 시간과 전문성이 투입되기 때문에 당연히 기업과 후보자의 매칭 성공을 목표로 실행해야 한다. 후보자를 발굴하기 위해 계획된 일정에 맞춰 단계별로 후보자를 서칭한다. 서칭에 필요한 제반 활동을 실행하면서 후보자 발굴 현황을 고객사 및 내부 동료와 공유한다.

(2) 후보자 발굴 4단계 실행 계획 및 추진 현황

후보자서칭 단계		담당자		일자별 실행계획									결과 (컨텍/접수)	
		PM	리서처 1 리서처 2	01	02	03	04	05	06	07	08	09		
1	동종업체 분석								1차 후보자 Review			후보자추천	3	
2	Offline Search												5	1
3	Online Search												30	5
4	잠재후보자 현황												38	6

이때 후보자와의 효율적인 소통을 위해 JD와 이력서 샘플을 준비한다. 후보자 발굴 작업은 곧 후보자와의 소통이 시작됨을 의미한다. 이때부터 헤드헌터는 고객사를 대신해서 소통한다. 효과적인 소통을 위해서는 JD가 필수이다. 채용 포지션에 대한 정보를 JD에 담아 후보자에게 전달하고, JD를 참조하여 작성한 후보자의 이력서를 받아 확인해야 하기 때문이다.

그럼, 본격적으로 후보자를 발굴하는 4단계를 실행해 보자.

Step1. 고객사의 동종업계를 분석한다.

먼저 고객사와 관련 동종업체 현황을 파악한다. 일반적으로 기술/개발, 마케팅, 영업직군의 경우 동종업계의 제품과 시장에 대한 경험이 특히 중요하기 때문이다.

- 동종업계의 기업명을 리스트화한다.
- 기업별 제품/기술, 시장$^{(매출)}$등 현황을 분석한다.
- 고객사와 사업 규모 및 기술수준이 비슷한 기업을 파악한다.
- 동종업계의 인재를 파악한다.

Step2. 후보자를 서칭한다. (Offline기반)

동종업계 중심의 후보자를 타켓서칭한다. 내부 DB, 동료, 산업별, 전문가군별 인맥 등을 활용하여 인재 풀을 확보한다. 평소 자신의 전문 산업분야의 지식과 인맥을 최대한 활용한다.

- 이번 단계에서는 오프라인을 중심으로 후보자를 발굴한다.
- 동종업계의 산업현황, 주요인물을 검색한다.
- 동종업계의 최근 3–5년까지의 임원현황, 임직원현황을 파악한다.
- 지식과 인맥을 최대한 활용하여 후보자를 찾는다.

Step3. 후보자를 서칭한다. (Online 기반)

우선, 웹에서 동종업계 경력이 있는 후보자를 찾는다. 사내 웹기반의 인재DB시스템부터 국내외 대표 잡사이트, 기타 인력풀을 보유한 사이트를 이용하여 해당 산업별, 직군별로 인재를 발굴한다.

- Step1에서 파악된 동종업계 근무 경력이 있는 후보자를 찾는다.
- 잡포털사이트, 인재포털사이트, SNS, 전문가 플랫폼 등을 활용한다.
- 후보자와 컨택$_{contact}$을 시도하고, JD를 중심으로 소통한다.

Step4. 잠재후보자 현황 만들기

온라인과 오프라인을 활용하여 발굴한 후보자들에 대한 현황을 만든다. 후보자 발굴을 위해 활동한 현황을 후보자의 경력, 역량, 특이사항 등 정보를 정리한다.

이때, 지원의사가 있는 후보의 경우 이력서를 받는다. 당장은 이직 니즈가 없는 후보자일 경우에도, 후보자의 커리어 상 핵심 역량과 이직계획 등을 메모해 두고 장기적으로 소통한다.

[부록 6. 후보자 발굴을 위한 국내외 인재정보사이트]

(3) 후보자 발굴 사례, 잠재 후보자 현황

해당JD에 맞는 후보자를 발굴한 잠재후보자 현황 또는 롱리스트Long list 현황을 살펴보자.

<JD 사례 1. 'B'사 재무회계 부장급(팀장) 후보자 발굴 현황>

후보자 검증하기

이력서를 받으면 후보자의 역량을 검증한다. 역량검증의 기준이 되는 것은 역시 직무기술서[JD]이다. JD와 후보자의 이력서가 얼마나 매칭되느냐에 따라 면접 여부가 결정되며, 매칭되는 요소가 많을수록 면접의 단계로 나아갈 확률이 높아진다. 후보자의 이력서를 검증할 때는 다음의 3가지 요소를 중심으로 평가한다.

(1) 역량(Competence)
후보자의 직무역량을 검증하고 평가한다.
– 총 경력 대비 핵심 직무와 수행한 직무를 확인한다.
– 직무와 관련된 직(간)접적인 프로젝트 경험과 성공 및 실패사례를 파악한다.
– 수행한 직무와 프로젝트경험 등에 기초하여 후보자의 역량을 검증한다.
– JD와 후보자의 역량이 매칭하는지 여부를 평가한다.

(2) 조직력(Organization)
조직력은 주로 후보자가 조직 내에서 친화력, 팀웍 및 리더십을 발휘했던 경험을 통해 검증한다. 이것은 후보자의 자기표현 능력이나 커뮤니케이션 능력을 통해서도 확인할 수 있다. 업무적으로 필요한 도구(구두, 메일, 문서, 프레젠테이션 등)를 적재적소에 잘 활용해서 커뮤니케이션하는 후보자인지를 파악한다. 지식과 기술이 아무리 많아도 소통능력이 부족하면 성과를 만들어내는 데 한계가 있을 수밖에 없다.

(3) 열정(Passion)

위의 역량과 조직력에서 보인 열정과 구직(이직)에 대한 니즈와 이력서 작성 태도 등으로 평가한다. 이력서는 후보자 자신을 보여주는 도구로서 이력서를 보면 후보자의 구직이나 이직에 대한 적극성과 열정을 볼 수 있다. 또한 이직을 대하는 태도는 매칭 결과에도 큰 영향을 미친다.

그리고 인터뷰(전화, 화상, 대면)를 통해 한 번 더 검증한다. 인터뷰는 후보자의 COP(업무 역량, 조직력, 열정)를 더 정확하게 검증할 수 있는 방법이므로, 직접 인터뷰를 함으로써 매칭 적합성을 더욱 명확하게 파악할 수 있다. 이력서 내용을 재확인하고 후보자에 대한 추가 정보를 알 수 있는 기회이기도 하고 고객사 면접 시에 준비할 사항을 전달하거나 후보자의 커리어에 대한 컨설팅을 하기에도 좋다. 이 때 헤드헌터의 인터뷰 역량이 필요하다.

역량검증 인터뷰: 사전준비와 평가항목

후보자와의 역량을 검증하기 위한 인터뷰이다. 과거에서 현재까지 직간접적으로 경험한 후보자의 사례를 통해 관찰되는 직무역량뿐만 아니라 소통역량, 태도 등을 검증하는 데 집중한다. 후보자와 역량 중심의 인터뷰를 하기 위한 사전준비와 평가항목은 다음과 같다.

[부록 7. 인터뷰 시트]

(1) 인터뷰 사전준비

효율적으로 인터뷰를 진행하기 위해서는 아래 사항을 사전에 준비한다.

- 고객사의 JD 와 후보자의 이력서를 비교 확인한다.
- 역량검증을 위한 주요질문, 심층질문을 준비한다.
- 후보자의 정보확인을 위해 인터뷰 시트를 준비한다.

검증항목	후보자의 이력서
① 기업정보	① 주요 경력회사의 업종, 규모 　- 동종업계, 산업
② 핵심직무, 주요 프로젝트	② 주요직무, 수행프로젝트 성공, 실패 사례 　- 핵심직무, 역량
③ 자격요건	③ 관련업무 경력, 총 경력 　- 필요조건, 우대조건 여부 　- 리더십, 소통능력

<고객사 JD와 후보자의 이력서 비교 방법>

(2) 평가항목

후보자의 역량검증을 위한 평가항목은 다음과 같다. 검증해야 하는 역량을 파악하기 위해 평가항목을 세분화한다. 검증은 질문을 통해 진행된다. 주 질문 또는 시작질문Leading question을 통해 후보자의 역량을 항목별로 검증한다. 주 질문만으로 확인하기 어려운 역량은 심층질문 또는 후속질문Proving question을 통해 확인한다. 심층질문 시에는 스타STAR: Situation, Task, Action, Result 기법을 통해 효과적으로 후보자의 답변을 이끌어낼 수 있다.

① 직무역량 검증 (competency)	② 조직력 (organization)	③ 열정 (passion)	④ 추가 확인사항
- 주요직무 - 직무역량/핵심역량 - 수행프로젝트 및 성과	- 업무성향 - 소통방법 및 능력 - 리더십 유형, 동기부여 등 - 팀워크중심/개인중심 - 자기관리	- 질의문답 - 미팅 준비성, 시간관리	- 희망업무 - 연봉, 처우조건 - 이직사유 및 개인 고려사항 등

<역량평가를 위한 평가항목>

역량면접 질문법: 주 질문과 심층질문

인터뷰 시, 검증하려는 내용과 관련된 질문을 잘 해야 후보자에게 답변을 들을 수 있다. 후보자의 과거의 경험부터 인터뷰 현장에서 보여지는 말과 행동을 통해 위의 평가항목을 검증할 수 있다. 이때 역량질문법인 주질문과 심층질문을 사용해서 질문을 한다.

① 직무역량을 검증하기 위한 주 질문

Q1. 후보자님의 주요직무는 무엇이었는지 설명해 주십시오.

Q2. 주요직무를 수행하는데 필요한 핵심역량은 무엇이었습니까?

Q3. 후보자의 핵심역량은 무엇이고, 그 역량을 발휘해서 성과를 만들었던 사례가 있으면 구체적으로 설명해 주세요?

Q4. 후보자님이 주도적으로 참여 및 수행했던 (중장기)프로젝트가 있다면 어떤 일이었는지 구체적으로 설명해 주세요?

Q5. 해당 프로젝트를 통해서 이룬 성과는 무엇입니까?

①에서 Q5에 대한 검증이 더 필요 시 던지는 심층질문

Q5-1. 당시 프로젝트를 진행하게 되었던 상황은 어떠했나요?

Q5-2. 해당 프로젝트에서 후보자님이 맡았던 주요업무는 어떤 것이었나요?

Q5-3. 그 업무를 수행하는 데 어려운 점은 무엇이었고, 어떻게 해결했나요?

Q5-4. 그 프로젝트의 결과는 어떠했나요?

② 조직력 검증을 위한 주 질문

Q1. 후보자님이 업무 시 자주 사용하는 소통방법은 무엇인지 설명해 주세요.

Q2. 후보자님의 소통능력에 대해서 구체적으로 사례를 통해 설명해 주세요.

Q3. 의사소통시 어려움을 해결했던 경험이 있으면 구체적으로 설명해 주세요.

②에서 Q3에 대한 추가 검증이 필요 시 던지는 심층질문

Q3-1. 그 문제가 발생하게 된 상황은 무엇이었으며, 그 상황에서 문제를 해결하기 위해 취했던 행동을 구체적으로 설명해 주세요.

③ 열정 검증을 위한 주 질문

Q1. 팀워크를 열정적으로 발휘해서 일을 성공적으로 마무리했던 경험이 있다면 설명해 주세요.

Q2. 지원자님이 타 부서와의 협업에서 적극적으로 대응, 지원 및 협조를 해서 일(프로젝트)을 수행했던 사례가 있으면 설명해 주세요.

④ 추가 확인사항을 위한 질문

Q1. 이직 시 희망하시는 업무가 있다면 어떤 업무인지 이유와 함께 설명해 주세요.

Q2. 이직을 원하는 회사는 어떤 회사인가요? 이직 시 가장 중요하게 생각하는 부분은 어떤 것들인가요?

Q3. 이직을 원하는 사유가 있다면 무엇인가요?

후보자 이력서 코칭하기

후보자의 이력서는 '자신의 역량을 PR하는 도구이다. 후보자가 이력서를 작성하지만, 자신의 업무경력과 역량을 표현하는데 서툰 경우가 많다. 이력서 코칭이 필요한 후보자들이다. 역량면접을 통해 후보자가 가진 역량이 이력서에 잘 드러나지 않는다고 판단되면 이력서 코칭을 하는 것이 좋다.

우선 후보자의 역량이 부족해서 못 쓰는 것인지, 이력서 작성에 미흡한 것인지를 검증해야 한다. 헤드헌터가 무리하게 후보자의 이력서를 수정하는 경우가 있다. 어떤 후보자의 이력서는 동일한 사람이라고는 생각하기 힘들 정도로 다른 내용이 담겨 있다. 반드시 인터뷰를 통해서 후보자의 검증된 경력과 역량이 이력서에 정확하게 잘 담길 수 있도록 지원해야 한다.

먼저 개인정보를 확인하고, 후보자의 이력서 중 가장 중요한 핵심직무와 역량을 확인한다. 경력기간 동안의 주요 직무는 무엇이었고, 직무성과는 어떠했으며, 그 성과가 조직에 어느 정도 기여했는지를 확인한다. 추가적으로 교육이나 자격증, 외국어 능력 등 후보자의 업무 역량을 뒷받침해주는 요소도 같이 확인한다.

이력서는 ①개인정보 ②학력사항 ③경력사항 ④핵심직무와 역량 ⑤자격사항^(직무관련) ⑥ ③경력사항에 대한 상세경력 ⑦교육사항/활동사항의 순으로 적는 것이 시간적인 순서에 의해 자신의 경험과 역량을 일목요연하게 표현하는 데 도움이 된다. 첫 장에는 후보자의 전체적인 커리어를 볼 수 있도록 ①~⑤까지 내용을 담고, 둘째 장부터 ⑥~⑦의 내용을 적는다. 특히 ③④의 직장 경력과 역량이 확인될 수 있게 작성하여 고객사가 후보자의 업무 역량과 성과를 검증할 수 있도록 한다.

후보자의 이력서 내용 중 해당 채용포지션에 불필요한 정보는 과감하게 없앤다. 후보자의 전체 경력을 통해 핵심직무와 역량이 확인될 수 있도록 경험한 직무, 프로젝트, 그리고 성과가 간단 명료하게 정리될 수 있도록 코칭 한다.

[부록 8. 이력서 샘플]

후보자 추천하기

후보자 검증 후, 검증된 후보자를 고객사에 추천하는 단계이다. 먼저, 후보자의 이력서가 고객사의 직무기술서^{JD}와 잘 매칭되는지 확인한다. 항목별 정보가 정확한지, 인터뷰나 평판조회를 통해 검증된 내용이 포함되어 있는지를 확인한 후 추천한다.

헤드헌터가 고객사에 어떻게 추천하느냐에 따라 후보자의 가치^{Value}가 달라진다. 따라서 헤드헌터는 추천하는 후보자의 전반적인 역량^{COP}을 효과적으로 PR하는 것이 필요하다. 후보자의 업무능력, 조직력 그리고 이직의지를 담은 태도 등을 정확하고 적극적으로 PR해야 한다. 추천 내용에 포함되는 항목들은 후보자의 이력서를 중심으로 아래와 같다.

① 후보자의 개인 정보, 학력사항

② 후보자의 총 경력, 주요 경력회사

③ 검증된 후보자의 COP(역량, 조직력, 열정) 등이다.

이렇게 추천을 하면 고객사는 이력서를 보기 전에 후보자 경력을 일목요연하게 볼 수 있고 헤드헌터가 왜 후보자를 추천하는지를 알 수 있다.

헤드헌터 Live Tip

후보자를 추천한다는 것

헤드헌터가 후보자를 추천한다는 것은 헤드헌터의 역량도 평가받는다는 것이다. 그렇기 때문에 추천전에 후보자의 정보를 다시 꼼꼼하게 확인한다. 후보자의 이력서와 추천사유가 전혀 매칭이 안되는 경우도 있고, 핵심은 없고 너무 장황스럽게 추천하는 경우도 어렵지 않게 볼 수 있다. 먼저 고객사에서 요청한 JD와 얼마나 매칭이 되는 후보자인지를 정확하게 파악한다.

그리고 후보자의 이력서의 핵심 내용을 3-5줄로 요약해서 추천한다.

앞의 'B'사 재무회계 부장급(팀장) 채용 포지션에 대해 검증된 후보자를 추천해 보자.

후보자A(76년생, K대학교 회계학과 졸/동 대학원 MBA 졸업)

총경력: 15년 이상, kkk사 외 2곳

— 국내외 IT/정보통신 기반의 제조업 경력을 바탕으로 산업과 제품군에 대한

깊은 이해

— 15년 이상 국내외 사업장의 재무회계, 세무회계, 연결재무제표를 중심으로
업무경력과 역량 우수

— 5년 이상 팀장 경험을 바탕으로 조직관리능력 우수, 소통능력이 우수한 분
으로 평가

반드시 추천사유와 이력서는 일치되어야 한다.

후보자 면접 지원하기

후보자 추천 후 고객사의 이력서 심사를 통과한 후보자와 면접이 진
행되는 단계이다. 면접은 고객사와 후보자가 직접 만나 서로를 평가하는
자리이다. 고객사는 후보자의 역량과 기업의 인재상에 부합하는지 등을
평가한다. 후보자는 기업의 안정성과 자신의 커리어 개발 가능성, 조직
문화 등을 파악한다. 면접 결과에 따라 다음 프로세스로 넘어가거나 종
료된다.

(1) 3자 간의 효과적인 커뮤니케이션 방법

면접 단계부터는 3자 간(고객사, 헤드헌터, 후보자)의 커뮤니케이션이 시작
된다. 헤드헌터는 이 시점부터 고객사와 후보자 사이에서 양쪽의 니즈를
잘 조율하고 코칭하며, 상대방의 의견을 정확하게 전달하는 역할을 한
다. 이 단계에서의 헤드헌터의 역할은 다음과 같다.

① 효과적인 면접일정 조율하기

먼저 고객사로부터 후보자와의 면접 요청이 오면, 후보자와 고객사의 일정을 최대한 빠르게 조율해서 확정한다. 이를 통해 전체 헤드헌팅 프로세스를 단축하고, 후보자에게 면접코칭을 할 수 있는 시간을 가질 수 있다.

To 고객사	To 후보자
후보자 정보 • 후보자성명 • 면접시간 • 개인연락처	고객사 정보 • 면접일시 • 면접관 (인원 및 소속) • 회사위치 • 담당자 연락처

<면접 조율 시 헤드헌터의 역할>

② 고객사의 원활한 면접진행을 위한 지원하기

면접 후 후보자가 고객사에게 느끼는 불쾌감으로 인해 기업의 평판이 안 좋아지는 경우가 발생한다. 후보자의 역량을 검증하는 데 집중할 수 있도록 지원한다.

- 면접 일정을 조율할 때, 후보자 간 면접 대기시간을 감안해서 조율한다. 특히 동종업계 핵심 인재인 경우 면접 시간을 충분히 차이를 두게 한다.
- 후보자 대기 시간이 20분 이상 길어지지 않도록 한다.
- 역량 중심의 면접이 되도록 한다. 블라인드 금지 질문은 반드시 피하게 하고, 채용포지션에 맞는 후보자의 역량 검증을 위한 질문을 할 수 있게 한다.

– 후보자에게 현 조직의 내부 상황이나 기술력, 임직원 등에 대한 민
감한 질문을 하지 않도록 한다.

③ 후보자에게 후회 없는 면접을 위해 지원하기
– 시간을 엄수한다.
– 고객사의 문화에 맞춰 면접 복장을 준비한다.
– 사전에 해당 포지션에 대한 JD와 자신의 이력서를 리뷰한다.
– 자신의 주요업무, 핵심프로젝트 등 경험을 논리적으로 답변할 수
있도록 준비한다.
– 커리어 비전 및 이직 사유에 대한 답변을 준비한다.
– 기업 및 해당 팀에 대한 궁금한 사항이 있으면 질문한다.

최근에는 많은 기업들이 자유로운 분위기에서 면접을 진행한다. 그러
나 기업에서 아무리 분위기를 편하게 만들어줘도 후보자에게는 낯선 회
사에서, 다수의 면접관 앞에서 면접을 하게 되는 것이므로 긴장하기 마
련이다. 정해진 면접 시간 안에 본인의 역량을 제대로 설명하지 못해서
아쉬움을 토로하는 경우가 많다. 따라서 헤드헌터는 사전 인터뷰를 통해
위의 질문들을 활용하여 후보자와 시뮬레이션을 해보는 것이 좋다.

(2) 경력직 주요 면접절차 알아보기
경력직 면접은 기업에 따라 다소 차이가 있지만, 아래의 3가지 방법을
통해서 진행한다.

인적성 검사	면접	
	1차-실무진 직무능력	2차-임원진

• 온라인 검사	• **구술면접(질의응답)**
	• **PT면접**
	  - 기술, 엔지니어
	  - 영업/마케팅 등
	• **Portfolio**
	  - 디자이너
	    (Web, Graph, 산업, 패션 등)
	• **사고력, 창의력 Test**
	  - IT/Coding 개발자
	• **기업맞춤형 Test**
	  - 기업혁신, 품질 등
		• **인성 및 Loyalty check**
		  - 인재상
		  - 조직문화 적응력

∨ 서울 외 경기권의 경우 별도로 면접비를 제공하지 않음
  단, 지방의 경우 기업에 따라 면접비 제공

∨ 글로벌 기업의 경우 실무면접을 중심으로 여러 관점(역량면접, 조직력, 도덕성 등)에서 5회 이
  상 면접을 시행하는 경우도 많으니, 사전에 고객사의 면접프로세스를 파악한다.

    먼저 인적성검사이다. 경력직의 경우 후보자에 대한 참고 자료로 활용한다. 몇몇 기업들의 경우, 인적성 검사 결과를 경력직 채용의 합격여부를 결정하는 잣대로 사용하기도 한다. 이런 경우에는 운에 맡기는 방법밖에 없다.

    1차 실무진 면접은 후보자의 직무역량 검증을 위해 다양한 면접 방법을 활용하고 있다. 가장 많이 활용되고 있는 방법은 대면구술면접의 일종인 행동기반의 인터뷰BEI, Behavior Event Interview이다. 행동기반 인터뷰에서는 철저하게 후보자의 과거 경험과 행동에 초점을 맞춰 인터뷰를 진행한다. 채용 인터뷰에서는 통상 확인할 역량을 미리 정하여 놓고, 그에 맞는

경험이나 행동을 확인해 가는 방식을 사용한다. 이런 이유로 실무에서는 행동기반의 채용 인터뷰를 역량중심면접Competency based interview으로 통칭하는 것이 일반적이다. 그 외에 프레젠테이션 면접도 자주 활용된다. 본인의 경력과 역량을 소개하거나, 주어진 주제에 대해서 발표를 하는 방법이 그 중 하나이다. 주로 마케팅이나 신사업개발 포지션에 많이 활용된다. IT개발자들의 경우에는 Coding Test를 많이 한다. Coding실력을 통해 창의력과 문제해결 능력을 평가한다.

2차는 주로 임원면접이다. 임원면접에서는 후보자와의 질의응답을 통해 인성이나, 태도 및 기업에 대한 소속감Loyalty 등을 평가한다. 임원급 후보자의 경우 실무자 면접 없이 'C'레벨의 의사결정자가 바로 면접을 보는 경우가 많다.

글로벌 기업들은 국내 기업에 비해 상대적으로 면접프로세스가 길다. 먼저 이력서를 검토하고 JD와 매칭이 되는 후보자가 있을 경우, 채용담당자가 먼저 전화인터뷰를 통해 이력서 내용을 확인하고, 채용포지션에 대한 상세한 설명 및 회사소개 등을 하고 진행의사를 재차 확인한다. 후보자의 이력서 내용과 진행의사를 재 확인 후 공식적인 면접프로세스가 진행되는 경우가 많다. 역량검증을 위해 사용하는 도구Tool도 다양하고, 면접관의 시차 등으로 인해 다소 많은 시간이 소요된다.

(3) 면접 시 활용하는 인재평가 도구들

기업은 면접시간 내에 후보자의 역량을 검증하기 위해 다양한 면접방법을 활용한다. 경력직의 경우 구술면접과 관찰면접을 많이 사용한다. 이것은 후보자의 역량을 검증하고 평가하기 위해 지원자의 경험과 사례를 통해 미래를 예측하기 위한 방법이다. 그 외에 기업에서 인재를 채용하기 위해 채용단계별로 활용하고 있는 평가도구와 방법은 아래의 표와 같다.

구분	내용	평가도구/방법
서류전형	교육, 경력, 자격 등 자료 검토	이력서, 자기소개서
인적성검사	진단도구를 활용하여 성격, 적성 등 요소 판별	MBTI, DISC, PSAT
필기시험	시험을 통해 지식 등을 판단	공채시험, 자격인증시험
실기시험	직무와 관련 있는 역할을 수행하게 하여 실무 능력 판단	실기시험, 오디션
구술면접	대면하여 계획된 질의응답을 거쳐 인성, 역량 등을 판별	BEI, SI
관찰면접	대상자의 다양한 반응 행동을 관찰	GD, R/P, PT
주변탐문	대상자의 주변인을 통해 인성, 자질, 역량 등을 확인	평판조회(RC)
인턴십	일정기간 일을 수행하는 모습을 관찰	인턴십

후보자 채용조건 협의하기

후보자 면접을 진행한 후 고객사와 후보자가 채용과 입사의 의지가 있을 경우 조건을 협의를 하는 단계이다. 헤드헌팅 주 업무 중 마지막 단계이다. 입사조건 합의 여부에 따라 헤드헌터의 성과로 이어지거나, 아니면 후보자를 발굴하는 단계로 돌아간다.

이 단계에서는 후보자의 정확한 니즈와 의지를 재차 확인한다.

(1) 후보자의 입사조건 협의하기

입사조건 협의는 고객사와 후보자 모두에게 민감하고 중요한 결정이다. 헤드헌터는 끝까지 집중해서 협의 항목의 내용들을 정확하게 이해하고 소통해야 한다.

기업마다 차이가 있지만, 채용확정 전에 마지막으로 확인하는 프로세스는 평판조회와 건강검진이다. 후보자의 현/전직 동료와 상사를 통해 후보자의 평판을 조회한 후에 채용오퍼를 준비하는 경우가 있다. 임원급의 경우 공식적으로 평판조회를 추가로 의뢰하거나 별도의 전문 회사를 통해 검증하기도 한다. 또는 건강검진 후 건강에 크게 무리가 없는지를 확인한 후 입사조건을 협의한다.

입사조건 협의 시, 고객사가 먼저 후보자의 입사조건(직급, 연봉, 복리후생 등)을 공식적으로 보내오기도 하지만 후보자의 희망조건을 먼저 확인한 후에 제시하기도 한다. 후보자 역시 본인이 받게 될 연봉, 처우 수준, 근무 환경 등에 대해 상세하게 문의한다는 점을 고려하여 정확한 정보를 제공한다.

입사조건 협의 시, 기업마다 필요한 정보가 달라지는데 후보자와 고객사 각각에게 공유되는 정보들은 일반적으로 아래와 같다.

후보자 정보 TO 고객사	고객사 정보 TO 후보자

1 최종연봉
2 희망연봉수준
3 입사가능일자
4 원천징수서류
5 평판조회 보고서
	1 처우조건, 직급
	  - 직급, 직책, 연봉, 성과급, 성과급 지급방법
	  - 현금성 필수지급항목
	  - 기타 복리후생 현황
	2 근무조건, 회사 위치
	3 근무시간, 연차등
	4 기타 회사현황/평판
	  외부플랫폼에서 제공되는 기업정보 관련 사실 유무

(2) 후보자의 채용 오퍼 받기

채용오퍼 작업은 입사조건에 합의가 된 후 고객사로부터 후보자에 대한 채용을 확정받는 작업이다. 이때 헤드헌터는 고객사의 공식적인 채널(문서, 메일 등)을 통해 확정된 내용을 후보자에게 전달한다. 후보자의 채용을 구두로 확정하면 고객사 측도 후보자 측도 협의 내용에 변경을 요구하는 경우가 많이 발생할 수 있다. 최악의 경우 채용이나 입사 결정이 취소될 수도 있다.

[부록 9 채용 제안서(Job Offer Sheet)]

매칭 '시소'의
균형을 잡다

면접을 진행한 후 최종 결정만 남긴 시점에 이르면 기업과 후보자의 협의 과정에서 양측의 니즈에 차이가 있는지, 변수가 있는지를 빠르게 파악하고 대처해야 한다.

기업과 후보자 모두 더 경쟁력 있는 인재와 회사를 선택하려고 한다. 그러다 보니, 최종 면접 후에도 여전히 다양한 변수들이 있다. 기업이 대체 후보자를 보유하고 있거나, 갑자기 내부조직 변화로 채용을 보류하는 경우가 발생할 수도 있다. 또한 후보자가 타 기업의 채용 포지션을 진행 중이거나, 타 사의 합격 오퍼를 받는 경우 등이 있다. 이 시점에서는 기업보다는 후보자에게서 발생되는 변수가 훨씬 많다.

몇 년 전 후보자^(이사급) L은 카메라 모듈 개발엔지니어로 글로벌 'A'사의 프로젝트 PM을 전담했을 정도로 풍부한 반도체 및 전자부품들에 대한 기술적인 지식과 'A'사의 많은 부서들을 대응했을 정도의 탁월한 영어 실력 갖췄다. 'A'사와 신규 프로젝트를 시작하게 된 고객 'P'사는 이 후보자의 이력서를 받자마자 바로 1차 면접을 진행했고, 면접 후 후보자가 원하는 조건으로 채용오퍼를 보내왔다. 그러나 후보자는 입사 1주 전에 입사포기를 알려왔다. 그 이유는 본인이 오랫동안 기다렸던 글로벌 기업에서 최종 합격오퍼를 받았다는 것이었다. 나는 당황은 했지만, 침착하게 통화를 했다.

"제가 지금 미팅 차 수원에 와 있습니다. 퇴근 후에 잠깐 뵙겠습니다."

나는 바로 출발하여 만나기로 한 수원역 내 Café에 미리 도착해서 반드시 그를 설득한다는 마음으로 플랜 A, B, C 등을 생각하며 기다리다가 그를 만났다.

"죄송합니다."

"괜찮습니다. 먼저 글로벌 기업에서 합격 오퍼를 받으신 것 진심으로 축하드려요."

그리고 나는 한참 동안 L의 현재 상황과 고민에 대해 경청했다. 이직하려는 이유, 합격 오퍼를 받은 두 회사의 조건, 타 회사로 이직 시의 득과 실, 자녀의 건강 및 특수교육 등 L은 내가 생각했던 것보다 훨씬 고민이 많았다. 충분한 시간을 가지며 나는 그의 상황에 대해 공감을 표하고 'P'사를 선택했을 때의 커리어 상의 장점과 가족들의 이익이 생생하게 그려지도록 대화했다.

결국 L은 자신의 역량을 높게 인정해 주고, 글로벌 조직과 업무를 믿고 맡겨준 'P'사의 입사 예정일에 입사를 했다.

헤드헌터는 최종면접 대상 후보자들의 상황을 파악하고 가능한 변수를 미리 예측해서 대응해야 한다.

이 단계는 결국 시소게임이다. 어느 쪽의 니즈가 더 큰지에 따라 결정이 된다. 후보자가 기업 보다 경쟁 우위에 있는 기업에서 경력을 쌓은 인재인지, 기업이 후보자의 경력보다 더 경쟁력 있는 기업인지에 따라 연봉 및 처우조건이 결정되는 경우가 많다. 기업과 후보자의 니즈와 심리를 빠르게 파악하고 대처해야 한다.

사후관리,
왜 집중해야
하는가?

일의 성과는 성공했거나 실패했거나 둘 중 하나이다. 사후관리의 핵심은 실패를 없애는 것이다. 실패하지 않기 위해서는 예상치 못한 상황까지 계획하고 관리해야 한다.

8장

실패하지 않는
사후관리 방법

일의 성과는 성공했거나 실패했거나 둘 중 하나이다. 기업간의 거래에서는 '입금이 되기 전까지는 아무 일도 일어나지 않은 것과 같다.'는 말이 있다. 그만큼 사후관리가 중요하다는 말이다.

헤드헌팅 업무의 마지막 단계인 사후 관리는 고객사와 후보자 간의 채용이 확정된 시점부터 후보자가 고객사에 입사하여 잘 정착할 수 있도록 관리하는 단계이다. 즉 고객사와 후보자 간의 매칭이 확정된 이후부터 정착까지의 서비스를 말한다. 사후관리 단계에서도 예상치 못한 상황들로 성공이 확정된 매칭이 결국에는 실패로 끝나는 경우가 발생한다.

사후관리의 핵심은 실패를 없애는 것이다. 실패하지 않기 위해서는 예상치 못한 상황까지 계획하고 관리해야 한다. 그러기 위해서는 먼저 실패할 수 있는 경우의 수를 모두 데이터화해야 한다. 이 단계에서 대부분의 변수가 발생하는 쪽은 후보자이다. 타사합격, 현직잔류, 기업의 루머, 학교입학, 이사문제, 결혼문제, 자녀문제, 가족의 반대 등 사유도 다양하다. 이렇듯 많은 변수들이 항상 존재한다는 가정하에 관리해야 한다.

고객사와 후보자의 상황에 집중하자

후보자 측면

예상하지 못한 변수가 발생할 수 있기 때문에 후보자와 자주 소통해서 진행 상황을 공유한다. 특히 후보자가 재직 중인 기업의 핵심인재 일수록 퇴사는 쉽지 않기 때문에, 후보자가 이직을 하려는 니즈와 커리어의 비전에 대해 스스로 리마인드할 수 있도록 한다.

- 입사 전 준비부터 입사 후 정착하기까지 후보자를 코칭한다.
  - 후보자가 타 기업과 진행 중에 있는 채용 건이 있다면 모두 중단할 수 있게 한다.
  - 현직에서 퇴사를 해야 하는 경우, 퇴사처리에 많은 스트레스를 받아서 퇴사 면담 중에 다시 현 직장에 머물기로 결정하는 경우도 종종 있다.
  - 퇴사절차 처리 시, 마음이 변하지 않도록 본인의 이직에 대한 의지, 고객사와 약속한 입사날짜 등이 반드시 지켜질 수 있도록 조언을 한다.
  - 또한 이직하려는 회사에 대한 평판(기업문화, 오너리스크 등)에 신경을

많이 쓴다.

고객사에 대한 공신력 있고 정확한 정보를 제공함으로써 이직에
대한 불안함을 줄일 수 있도록 지원한다.

– 개인적인 대소사 및 다양한 개인사유로 변심을 할 수도 있다.

사전 인터뷰 시 후보자의 이직과 관련된 환경과 상황에 대해서
반드시 공유를 한다.

– 입사 후에도 새로운 기업환경과 업무에 잘 적응할 수 있도록 필
요한 조언과 코칭을 한다.

고객사 측면

후보자에 대해 채용이 확정된 후, 고객사 측면에서 발생하는 변수는
극히 드물다. 내부 사정에 의해서 입사일자를 1–2주 정도 변경을 요청하
는 경우는 있다. 이 말은 헤드헌터의 추천에 의해 매칭에 성공한 후보자
가 고객사로 예정된 입사일자에 출근할 수 있도록 서비스하는 것이 중요
하다는 의미이다. 또한 후보자가 동종업계 핵심인재일수록 더욱 절제된
전문 서비스로 이직 및 정착을 할 수 있도록 서비스한다.

– 후보자가 입사 전까지 준비해야 하는 사항에 대해 서비스한다.

후보자의 건강검진 또는 입사서류 준비 등을 지원한다.

■ 후보자의 이직소요시간이 길어질 경우, 중간 퇴사처리 상황을 보고
한다.

■ 후보자의 입사처우조건에 따라 제공하는 옵션^{Option}에 대해서 준비
사항들을 확인한다. 지방근무에 따른 처우조건 준비 여부를 확인한

다. 특히 외국인 채용의 경우 비자, 거주지, 이주비용, 공항픽업 등 지원부분에 대해서 꼼꼼하게 챙긴다.

- 후보자가 입사 후 정식 근로계약 시에 사전 입사계약조건과 달라지는 내용이 없도록 확인한다.

사후관리 단계에서 고객사와 후보자의 매칭에 최종 성공하기 위해서는 양측의 상황을 이해하고 집중해서 섬세하게 지원하는 것이 필요하다. 헤드헌터의 섬세한 지원은 양측을 정착soft-landing하게 하는 디딤돌이다.

헤드헌터 Live Tip

탈락한 후보자도 인재(Talent People)이다.

앞의 몇 단계부터는 고객사와 합격한 후보자를 중심으로 소통을 했다면, 탈락한 후보자 관리도 소홀히 하면 안 된다. 탈락한 후보자에게 가급적 빠르고 정중하게 면접결과를 전달한다. 후보자에게 좋지 않은 결과를 알려야 하는 부담감으로 후보자를 오래 기다리게 하는 경우가 종종 있다.

후보자가 탈락 사유를 물을 때에는 불필요한 이야기를 자제하면서 결과를 전달하는 소통 스킬이 필요하다. 비록 탈락은 했지만 검증된 후보자이거나 전반적인 면접 평가는 좋았으나 아쉽게 탈락한 경우, 빠르게 다른 포지션을 제안해서 기회를 주는 것이 중요하다. 탈락한 후보자는 다른 기업에서 원하는 인재이다.

매출목표를 관리하는 방법

매출관리는 고객사로부터 받는 서비스(료)를 관리하는 일이다. 보통은 영업관리 업무로 생각하면 된다. 이러한 매출관리는 시스템을 통해서 이뤄지며 개인별 성과 및 실적이 통합적으로 관리된다. 또한 개인의 계획 대비 실적이 제대로 관리되고 있는지를 모니터링한다.

매출을 관리할 때에는 관련 정보(고객사, 채용포지션, 후보자 등)를 정확하게 입력해서 월별 매출 등의 현황을 한 눈에 잘 파악할 수 있도록 해야한다. 매출은 헤드헌터의 수입과 직접 연결되기 때문에 전략적으로 연간 매출 계획을 잡은 후, 단/중기적으로 산업 및 경제의 변화를 예측해서 목표 매출 계획을 세우고 실행하는 기술이 필요하다.

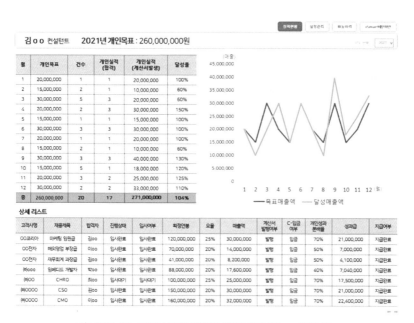

<참고자료. 이노HR컨설팅의 개인별 연간 매출목표 vs 실적현황>

실패를 없애는 것이 실력이다

헤드헌터의 수입은 일정치 않다. 일반 직장인과 달리 본인의 매칭 성공여부에 따라 매출이 달라지기 때문이다. 따라서 헤드헌터는 매달 목표한 매출이 나올 수 있도록 계획하고 실행하고 관리하는 것이 중요하다. 능력 있는 헤드헌터는 월별로 계획한 매출을 달성하지 못해도 분기 목표는 달성될 수 있도록 계획하고 실행한다. 또는 분기 매출 목표를 달성하지는 못해도 반기 매출 목표는 달성한다.

세일즈나 마케팅을 업으로 하는 사람들은 자신들의 업무역량을 한마디로 표현할 때 '숫자가 인격이다'라는 말을 하곤 한다. 기업을 평가할 때도 자주 하는 말이다. 숫자를 인격으로 표현하는 것이 다소 품위가 없어 보일 수도 있지만, 이러한 말이 있을 정도로 매출을 만들지 못하는 조직이나 세일즈는 '끝'을 의미하기 때문에 일이 '성공'될 때까지 정신 바짝 차려야 한다. 실패를 없애는 것이 실력이기 때문이다.

헤드헌터는 채용포지션마다 일의 강도와 방향을 잘 파악해서 단독으로 진행할 것인지, 팀으로 협업을 통해 진행할 것인지를 결정한다. 자신의 일의 에너지를 잘 분산시키는 전략과 실행력을 키워 목표달성능력을 갖춰야 실패를 없앨 수 있고, 이것은 자신의 매출과 수입에 큰 차이를 가져온다.

헤드헌터의 핵심업무 총정리
'9단계' 핵심노트

지금까지 헤드헌터 업무를 성공적으로 수행하는 데 필요한 9단계 업무 프로세스를 설명했다. 헤드헌팅 업무는 구체적으로 어떻게 수행해야 하는지를 체계적으로 배울 수 있는 직무교육과정을 찾기가 쉽지 않다. 그렇다 보니 같은 일을 하는데도 헤드헌터마다 프로세스가 다르고 성과도 천차만별이다. 지금까지의 경험에 기초하여 보면 9단계의 업무를 충실하게 수행하는 헤드헌터들은 꾸준하게 성과(매출)를 창출한다. 헤드헌팅 업무프로세스가 몸에 완전히 체계화되면 그때부터는 각각의 프로세스를 상황에 맞춰 응용하는 것이 가능하다. 헤드헌팅 프로세스 9단계별로 헤드헌터의 역량과 핵심업무를 요약하면 아래와 같다.

1단계 고객사 개발 고객사를 개발하는 능력, 계약서 협상 능력, 실행 능력

　－ 산업, 제품, 시장 등 기업 선별과 분석 능력을 갖춘다.

　－ 고객사 발굴 4단계를 실행하고, 고객정보를 데이터화한다.

2단계 매칭 설계 고객의 니즈 분석력, 정확한 직무기술서JD 작성 능력

 − JD를 정확하게 작성한다.

 − JD는 고객사, 후보자와 소통하는 도구로 활용한다.

3단계 후보자 발굴하기 JD에 맞는 후보자 발굴 능력, 이력서 확보 능력

 − 고객의 니즈에 맞는 동종업계, 후보군 타켓을 선정한다.

 − 선정된 타켓 후보 발굴을 위해 온/오프 인재DB, 플랫폼 등을 활용한다.

4단계 후보자 검증하기 후보자의 역량을 검증하는 능력

 − JD, 이력서, 인터뷰, 평판조회 등을 통해 후보자의 역량을 검증한다.

 − 역량검증을 위한 평가항목과 질문을 개발한다.

5단계 후보자 추천하기 검증된 후보자의 핵심역량을 고객사에 PR하는 능력

 − JD와 후보자의 주요경력과 역량을 파악한다.

 − 이력서에 누락된 항목 여부 및 성과 등의 내용을 꼼꼼하게 확인한다.

6단계 후보자 면접 지원하기 고객사, 후보자의 효과적인 면접을 위한 지원 능력

 − 면접유형, 면접절차, 역량면접BEI기법 등 면접 관련 정보를 파악한다.

 − 효율적인 면접 방식과 면접 스킬을 지원한다.

7단계 후보자 채용조건 협의하기 고객사와 후보자의 니즈 조율 및 조건 협의

　　— 입사조건 협의에 필요한 양측의 정확한 정보를 파악한다.

　　— 양측의 니즈를 전달하고 합의를 이끌어 낸다.

8단계 후보자 채용오퍼 받기

　　— 합의된 내용을 '사전 입사계약서' 문서로 공유한다.

9단계 사후 관리 후보자의 정착Soft landing지원 및 매출관리

　　— 고객사와 후보자의 예상치 못한 상황까지 관리한다.

　　— 매출 목표대비 실적을 모니터링하고 매출달성 능력을 개발한다.

나도
헤드헌터가
될 수 있을까?

일을 선택할 때는 다소 시간이 걸리더라도 일의 의미와 가치를 찾아서 가슴에 담아 둔다. 일의 의미를 강조하는 이유는 내가 하고 싶은 일의 의미를 찾는데 오랜 시간은 걸렸지만, 좋아하는 일을 하고 있기 때문에 성취감과 만족도가 높다.

9장

업에 의미를
부여한다는 것

다소 일찍 사업을 시작하면서 부족한 부분을 채우기 위해 여러 분야의 학습과 경험을 게을리하지 않았다. 그 노력 중 하나가 2007년부터 꾸준히 다양한 분야의 책을 통해 학습을 하는 'KPC CEO 북 클럽'이다. 한번은 '사장이라면 어떻게 일해야 하는가'의 저자이신 김경준 대표(당시 딜로이트 대표이사)로부터 잘 되는 회사를 만들기 위한 경영노하우를 들었다.

강의 마지막 10분 남짓은 일본의 101세의 최고령 현역 마담(아리마 히데코)의 삶을 소개하는 시간이었다. 52년 간 일본의 '길비A'라는 선술집을 운영하다가 101살의 나이로 그녀가 세상을 떠나자 일본의 언론들과 그녀의 주요 고객이었던 유명 재계, 정계 인사는 물론 일반 샐러리맨까지 애도를 했다 등의 일화를 들었다. 어떤 분인지 궁금해져 여러 기사를 찾아보면서 그녀가 평소 자신의 업에 대해 가지고 있던 '업의 의미'와 '진정성'을 느낄 수 있었다.

도쿄의 명문학교를 나와 결혼을 한 후 안정적인 삶을 살았던 그녀는 제2차 세계대전 후 여성도 일을 해야 한다는 생각으로 카페를 개업하고 호스티스의 길로 접어든다. 손님이 좋아하는 이야기를 함께 나누기 위해 그녀는 매일 3가지 신문과 광고를 모두 읽었다. 하루 일과를 마치기 전에는 하루도 거르지 않고 다녀간 손님들의 이름과 인상착의, 개인의 경조사 등을 상세하게 기록하여 챙기면서 개개인에게 따뜻한 위로와 격려를 해 주는 인생 상담사 역할을 했다.

히데코상에게 있어서의 업의 의미는 '손님의 삶을 공감해 주는 사람'이 아니었나 싶다. 이를 위해 그녀는 호스티스라는 직업에 자신만의 '업의 의미'를 부여하고 고객에 맞는 서비스를 제공하기 위해 끊임없이 노력하고 개발한 분이었다.

유난히 성공한 여성들의 스토리를 많이 읽고 그로부터 모티베이션을 찾는 나에게 히데코 상의 52년 커리어 스토리는 업의 의미를 어떻게 갖느냐에 따라 가치가 달라진다는 것은 알게 하는 단초였고, 잔잔한 감동의 여운 중 하나였다.

'일과 사람이 만나 가치를 만든다.' 나를 일하게 만들고 가슴 뛰게 하는 비전이다. 헤드헌터라는 업을 통해 기업과 인재가 더 큰 가치를 만들 수 있도록 뛰고 있다. 이러한 노력을 20여 년 가까이 하다보니, 헤드헌터는 장소와 시간이 허락되면 언제 어디서나 할 수 있는 일이자 놀이와 같은 것이 되었다.

나에게 이러한 의미가 있는, 헤드헌터라는 업을 자신의 커리어로 준비하는 후배들을 위해 교육 과정을 개설하여 배울 수 있도록 돕고 있다.

이렇게 시작한 헤드헌터 양성과정(인재채용전문가 1·2급)이 올해로 5년이 되었다.

이 과정에 참여하는 교육생들의 직업은 다양하다. 일반 직장인부터 교수, 공무원, 예술인 등 여러 분야에서 오랜 경력을 가진 분들이다. 입문하게 된 이유를 들어보면 '직업을 찾아주는 의미 있는 일 같아서', '평생직업을 찾다가', '다른 사람들에게 커리어 상담을 해 주면서…' 등이다.

수강생들에게 주로 2가지를 교육하고 코칭 한다. 하나는 헤드헌터라는 업의 본질을 이해시키고 스스로 일의 가치를 찾게 하는 것이다. 그리고 그들 자신의 경험을 통해 얻은 각자의 전문성에 '헤드헌터'가 갖춰야 하는 역량을 더하여 습득하게 한다.

또한 새롭게 헤드헌터를 시작하는 사람들에게는 현재 활동 중인 헤드헌터들보다 더 나은 경쟁력을 가질 수 있도록 마음의 준비를 단단히 시킨다.

일의 가치는 어디에서 나오는가?

일을 선택할 때는 그 업의 본질을 이해하고 그 일이 자신에게 주는 의미와 가치Value를 찾는 것이 중요하다. 다소 시간이 걸리더라도 일의 의미를 찾아서 가슴에 담아 두어야 한다. 이렇게 업의 의미를 강조하는 이유는 내가 하고 싶은 일을 찾는데 오랜 시간이 걸렸지만, 지금은 원하는 일을 하고 있기 때문에 성취감과 만족감이 높기 때문이다.

오랜 기간 동안 커리어 코칭을 하면서 만났던 사람들 중에 코칭 하는

데 특히 시간을 많이 들이는 분들이 있다. 10년 이상의 경력을 가졌음에도 불구하고, 자신이 하고 싶은 일과 현재 하고 있는 일이 달라서 우울해하는 분들과 특별히 조직 내에서 하고 싶은 일이 없어서 의기소침해 있는 분들이다. 이런 분들과는 업의 의미를 찾는 단계부터 시작한다. 업의 의미는 자신이 원하는 커리어를 스스로 찾는 훈련과정에 의해 개발되고 습득된다.

앞의 II장, III장의 여러 사례에서 봤듯이 헤드헌터가 하는 일에는 기업과 후보자 양쪽으로부터 예측하기 어려운 변화와 변수가 자주 발생한다. 일의 의미를 확고히 찾지 않은 채 일을 시작한 사람들은 이때 그 일을 지속하기 못하고 포기하는 경우를 볼 수 있다.

조직생활은 보장된 최소한의 급여와 복지제도에 의해 안정적이라고 평가되곤 한다. 이것이, 조직생활에 어려움이 있더라도 직장인들이 그 일을 하며 몇 년을 더 버티는 이유일 수 있다. 일반 직장인들보다 힘들 때가 더 많을 수 있지만 헤드헌터는 마음에 담아 두었던 일의 의미를 반드시 경험하는 사람들이다. 그 경험을 통해 역량이 개발되고 전문성을 가지게 된다. 겨우내 꽁꽁 얼어 있던 눈과 얼음이 봄 햇살에 녹고 꽃들이 피는 것을 보면서 느끼는 감정과 비슷하다.

하워드 가드너 하버드대 교수는 그의 저서《미래를 위한 다섯 가지 생각Five Minds for the Future》에서 자신의 직업을 오래 살아남게 하는 요인은 인간의 '생각하는 기술'이라고 했다. 생각하는 기술을 습득하기 위해서는 질문이 중요하다. 질문의 중요성을 강조한 많은 촌철살인 같은 문구를 찾는 것은 어렵지 않다. '진실을 정확하게 알 수 있을 때까지 더 많이 질문해라. 예상하지 못한 해답을 얻을 것이다.'라는 스튜어트 다이아몬드 교수의 말은 현장에서 자주 경험하곤 한다. 자신의 업에 대해 끊임없이 질문하고 생각하면 일의 의미, 나아가 창의력이라는 전문성을 찾게 될 것이라 확신한다.

'자기다움(Be yourself)' 브랜드 갖기

기업은 자사의 브랜드와 사회적 활동을 통해 고객과 소통하면서 자신을 차별화함으로써 기업마다의 '기업다움' 이라는 이미지를 갖게 된다. 브랜드 못지않게 쉽고 심플한 기업의 비전이나 슬로건도 기업과 소비자 간의 소통에 중요한 역할을 담당한다. 예를 들어 'Things Different' 하면 애플의 혁신적인 제품들이 떠오르고, 'Just do it'은 열정적으로 운동하는 사람들의 이미지와 나이키가 매칭된다. '가전을 나답게'라는 슬로건과 함께 등장한 삼성의 '비스포크BESPOKE' 냉장고는 2020년에 삼성전자의 냉장고 매출을 30% 이상 높이는 데 기여했다고 한다. 국내의 대표적인 스타트업이자 O2Oonline to offline기반 기업인 '우아한 형제들'의 브랜드인 '배민다움'도 비슷하다. 자칭 B급 문화정서로 불리는 배민다움을 만들고, 기발한 이벤트를 통해 고객과 소통함으로써 차별화하고 있다.

이렇듯 기업이 슬로건을 공유하는 이유는 소비자에게 차별화된 브랜드의 이미지와 기업의 '다움'을 어필함으로써, 믿음과 신뢰를 얻고 나아가 모든 기업의 미션인 고객을 창출하기 위함이다. 그럼 '헤드헌터는 어떻게 자신을 차별화할 수 있을까?' '자기다움'은 어떻게 만들어지는 것일까?'에 대해 생각해 보자 먼저 자기 자신에게 질문을 해 보자. 역사상 가장 오래된 질문인, 나는 누구인가Who am I로 시작해 보자. 헤드헌터라는 직업을 시작하기 전에 어떤 이미지로 고객에게 자신을 차별화할 것인가를 생각해보자. 그 동안의 경험과 전문 분야를 통해 만들어진 자신에 대한 이미지를 떠올려보자. 그리고 더 개발해서 가지고 싶은 이미지가 있다면 그것이 어떤 것인지를 생각해 보자. 아래의 문항은 자신이 원하는 커리어 이미지를 찾기 위한 질문이다. 자신이 선호하거나 자주 보여주는 행동과 태도를 생각하면서 선택해 보자.

문항	선택			최고치
	1	2	3	
1. 내가 선호하는 일하는 방식은 무엇인가?	빠르고 핵심중심	신중하고 전체중심	격식이 없이 자유분방	
2. 내가 선호하는 업무성향은 무엇인가?	자기주장을 펼치는	동의하고 협력하는	배려하고 양보하는	
3. 내가 선호하는 업무태도는 무엇인가?	신뢰감 있는	책임감이 강함	일에 몰입하는	
4. 내가 선호하는 소통도구는 무엇인가?	대면	전화	이메일, 문자	
5. 내가 선호하는 대화스타일은 무엇인가?	활기차고 가까운	친절하고 차분한	경청하고 배려하는	
6. 내가 선호하는 대인관계 스타일은 무엇인가?	주도적인 리드형	적극적 참여형	조용한 참여형	
7. 내가 선호하는 외모스타일은 무엇인가?	깔끔, 세련된	보수적, 중후함	캐쥬얼, 가벼움	

1번이 가장 많이 나온 경우 '확신을 주는 전문가'

2번이 가장 많이 나온 경우 '치밀하고 단호한 전문가'

3번이 가장 많이 나온 경우 '열정적인 실무형 전문가'

자신이 싫어하는 커리어 이미지를 찾아본다.

문항	선택		
내가 가장 피하고 싶은 사람은 어떤 이미지인가?	게으른 비전문적인 불필요한 말이 많은	시간개념 없는 비매너 말이 너무 없는	불만불평 많은 지저분한 외모 기타

자신이 원하는 커리어 이미지를 선택해서 아래 빈칸에 적어 넣는다.

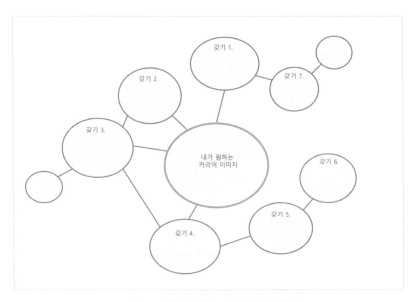

<그림 1> 자신이 원하는 커리어 이미지 찾기

164

자신이 싫어하는 커리어 이미지를 선택해서 아래 원 안에 적어보자. 위에서 나열한 보기 외에 추가적인 의견도 가능하다.

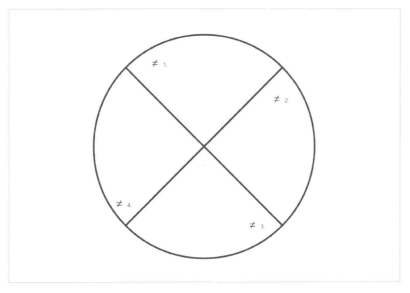

<그림 2> 자신이 싫어하는 커리어 이미지 찾기

〈그림 1〉에서 자신이 원하는 커리어를 찾기 위한 문항별 단어를 보면, 모두 긍정적이라고 느껴질 것이다. 어느 누가 자신이 하고 있는 업의 이미지를 부정적이고 비호감인 단어로 표현하고 싶어 하겠는가? 단어마다 일하는 방식, 방법, 속도의 차이가 있을 수는 있지만, 단어가 주는 느낌은 커리어적인 측면에서 전문성이 부각된 모습들이다. 여기에서 중요한 것은 자신이 원하는 커리어 이미지에 싫어하는 이미지가 매칭되지 않도록 자기관리를 해야 한다는 점이다. 격식 없이 자유분방하게 일하는 열정적인 실무자의 이미지를 원한다면, 고객사, 동료, 후보자와의 관계

에서 시간 개념이 없게 행동하거나 지저분한 스타일로 보이지 않도록 하는 것이 중요하다.

여정을 설계하는 기업가 정신

2016년 세계경제포럼WEF: World Economic Forum, 2016에서는 '기업가 정신이 있는 인성 역량'을 4차 산업혁명시대에 핵심인재가 갖춰야 할 역량의 하나로 꼽았다. 아울러 컴퓨팅사고력CT: Computational Thinking 기반의 '전문지식역량', 지능정보와 융합적 사고력 기반의 '창의적 융합역량' 또한 갖출 필요가 있다고 발표했다.

현 시대의 인재를 표현하는 단어들이 어마어마하다는 생각도 들지만, MZ세대들의 특징 중에 하나가 첨단기술 사용에 익숙하다는 것이기에 그들에게는 오히려 자연스러운 것일 수도 있겠다고 생각된다.

주목하고 싶은 부분은 '기업가 정신'과 '인성역량'이다. 일반적으로 기업가 정신은 '업을 일으키는', '새로운 기회를 만드는', '새로운 혁신을 만드는' 등으로 표현된다. 또한 인성역량에 대해 서울대학교 윤리교육과 정창우 교수는 '인간다운 성품이 잘 발현되어 행동으로 나아가는 특징'이라고 정의한 바 있다.

현실에서 기업가 정신이 있는 '인성역량'을 갖춘 사업가를 찾는 일은 그리 어렵지 않다. 예를 들어 교육기업 '에누마'(이수인 대표)는 장애 때문에 학습에 어려움을 겪는 아이들에게 질 좋은 교육기회를 제공한다는 것에 의미를 두고 게임 기반의 자율 학습 소프트웨어 개발하는 회사를 설립하였다. 이들이 개발한 '토도스쿨' 과 '킷킷스쿨'은 난민촌이든 어디든 태블 릿만 있으면 장애가 있는 아이들에게 학습을 할 수 있는 기회를 제공한다. 이 기업의 콘텐츠 기술과 진정성은 통하였고, 미국 실리콘밸리의 투자(시리즈 B, 110억원)로 연결되었다.

헤드헌터에게서도 이러한 기업가 정신 기반의 인성역량을 찾아볼 수 있다. 비록 당장은 규모가 작고 어려운 기업일지라도 그 기업의 비전과 가능성을 정확하게 인지하고 어려움을 함께 이겨내는 헤드헌터, 후보자의 스펙이 다소 부족하더라도 우수한 인성과 역량을 알아보고, 그 인재에게 길을 열어주기 위해 열정적으로 일하는 헤드헌터도 적지 않다.

그렇다면, 조직이나 현장에서 기업가 정신을 실천으로 옮기는 사람이 얼마나 될까? 주변에는 '그냥', '대충', '남 하는 거 보고' 하려는 사람들이 더 많기에 기업가 정신을 실천하는 사람들이 오히려 그들로부터 비판을 받는 일을 자주 겪곤 한다. 또한 먼저 도전을 하거나 실천하는 사람들에게는 실패도 먼저 찾아오는 법이다. 나 또한 얼마나 많은 실패를 했던가! 그렇다고 이런 실수나 실패가 두려워서 시작을 망설이지는 않았던 듯하다. 위대한 기업을 만들려는 고객들, 그리고 그 기업들과 함께 성장하려는 인재들과 함께 한 도전의 나날이었다.

기업가 정신이 있는 '인성역량'을 갖기 위해서는 헤드헌터로서 이 일을 해야 하는 근본적인 이유, 즉 업의 의미와 가치에 대한 생각을 확고히 해야 하다는 점을 강조한다. 그리고 이것은 다시, '업을 일으키고 새로운 기회를 만들고 혁신을 만드는 실천'으로 이어져야 한다. 업의 의미와 이미지를 스스로 확고히 하고, 진정성을 갖고 실천하는 사업가가 되기 위한 노력은 그야말로 재미있는 여정이다.

헤드헌터가
갖춰야 하는
역량은
무엇일까?

진정한 승자는 누구인가? 역경과 시련을 겪을 때 오뚝이처럼 다시 일어나 성공하는 사람들의 3가지 공통점이 있다. 현실을 그대로 받아들이고, 자신의 삶의 의미를 확신하고, 현실에서 최선을 다해 기적 같은 능력을 발휘한다. 진정한 승자의 성공의 비결은 실행이다.

우리는 앞서 〈Book in book〉에서 헤드헌터의 업무를 9 단계의 프로세스로 나눠서 살펴보았다. 아울러 각 단계의 업무 프로세스를 성공적으로 수행하기 위해 요구되는 헤드헌터의 역량과 단계별로 알아야 할 성공 팁(헤드헌터 Live Tip)도 함께 소개했다. 그리고 스스로 업의 의미와 원하는 이미지를 찾고 가슴에 담는 노력을 했다. 업의 의미를 가져야 정확한 방향성을 갖고 필요한 역량을 개발할 수 있기 때문이다.

이어 이번 장에서는 헤드헌터의 일을 프로페셔널Professional하게 수행하기 위해 필요한 핵심역량과 각 역량을 개발하기 위한 실천 방법을 세부적으로 살펴보자.

10장

헤드헌터의 기본역량 코칭

역량이라는 단어를 누구보다 많이 사용하는 사람들이 '헤드헌터'들이다. 그렇다면 후보자의 역량을 검증해야 하는 헤드헌터의 역량은 무엇일까? 역량competency은 일반적으로 높은 수준의 성과와 관계가 있는 지식Knowledge, 기술skill, 태도Attitude의 집합이라고 정의된다. 통상 이 3가지를 KSA라 하며 현장에서 사람들의 역량을 평가하는 기준으로 자주 사용하는 용어 중 하나이다.

헤드헌터의 9단계 업무 프로세스를 바탕으로 헤드헌터의 KSA를 정리해보면 다음과 같다.

첫째, 지식Knowledge

헤드헌팅 서비스와 헤드헌터의 역할에 대한 이해와 지식이 필요하다.

국내외 채용 트렌드, 기업의 채용 니즈 및 채용 프로세스와 관련된 다양한 HR 지식이 요구된다. 기업의 채용에 대한 니즈를 이해하기 위해서는 먼저 다양한 산업군과 제품군 및 직업과 직무 등에 대한 이해와 지식이 필요하다.

둘째, 기술Skill

헤드헌터의 업무수행을 위한 9단계에 필요한 기본적인 업무기술이다. 또한 성공적으로 9단계의 업무수행을 위해 고객사와 후보자 개발부터 사후관리까지 각 단계마다 헤드헌터의 전략적 기술이 요구된다.

셋째, 태도Attitude

1인 기업가정신과 직업윤리를 갖춰야 한다. 그리고 업의 의미와 가치를 진정성 있게 실행하는 태도가 중요하다. 이러한 태도는 꾸준한 자기개발을 통해 갖추게 된다.

각 단계별 업무프로세스 수행에 필요한 지식, 기술과 태도를 반복적으로 학습하고 습득하고 실행하다 보면 스스로 다양한 채용프로젝트를 리딩 및 성공시킬 수 있을 것이다.

지금까지 학습한 헤드헌터의 업무를 통해서 각각의 역량별로 분류를 하여 정리를 해보자. 지식, 기술, 태도가 각각 개별적으로 나뉘져서 역량이 발휘되는 것은 아니다. 3가지가 융복합적으로 함께 작동을 할 때 역량, 즉 고성과를 만들어 낼 수 있다.

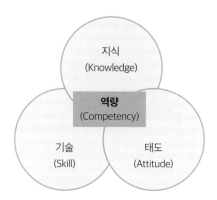

지식

- 헤드헌팅 서비스
- 헤드헌터의 직무와 역할
- 국내외 채용 트렌드
- HR지식(채용 절차, 인사관련 직급/직책, 연봉체계/성과/보상 등)
- 산업(업종)분류 및 제품군 이해
- NCS 직무별 역량에 대한 이해
- 직업/직무 전반에 대한 이해

기술

헤드헌터의 기본업무 기술
- 고객사 발굴
- 직무기술서(JD)작성
- 후보자 발굴 기술
- 후보자 검증 기술
- 후보자 추천 기술
- 후보자 면접 지원
- 후보자의 입사조건 협의
- 후보자의 채용 오퍼
- 고객사와 후보자 사후관리 능력

성공적인 업무수행을 위한 기술
- 영업, 마케팅 기술
- 채용 프로젝트 리딩(PM) 기술
- 이력서 코칭 기술
- 인터뷰 코칭 기술
- 협상기술

태도

- 기업가/전문가적 마인드와 태도

자기개발 태도
- 직무개발
- 소통능력 개발
- 경청, 배려, 공감, 감성지능 등

자기관리
- 성과관리, 목표달성
- 셀프 리더십
- 회복탄력성, 도전하려는 태도, 실행의 태도

    위의 핵심 역량 요소 3가지 중 자신이 부족하거나 개발해야 하는 역량을 체크하여 적어보기 바란다.

지식	
기술	
태도	

특히 다음 장에서는 헤드헌터의 역량 중 의사소통기술과 태도를 중점적으로 살펴본다.

11장

커뮤니케이션을
매력적으로 하는 방법

헤드헌터는 많은 시간을 들여 구직이나 이직을 준비하는 분들과 소통한다. 헤드헌터뿐만은 아니다. 다양한 채널의 여러 사람과 소통해야 하는 조직생활에서는 커뮤니케이션 능력 즉, 의사소통 능력이 매우 중요하다.

사람들은 대개 자신의 소통 능력을 높게 평가하는 경향을 보인다. 후보자의 이력서에 빠지지 않고 등장하는 것도 '소통능력'이다. 하지만, 후보자와 인터뷰를 하면서 들어보면 조직생활에서 가장 어렵다고 호소하는 것 또한 '소통'이며, 때로는 이것이 후보자들의 주요 이직사유가 되기도 한다.

통계청에서 만 13세 이상 가구원 약 38,600명을 대상으로 실시한

'2016 사회조사'[14]에 따르면 스트레스를 가장 많이 받는 장소는 직장 (73.3%)이었다. 그리고 일자리 제공 전문기업 벼룩시장구인구직이 직장 인 1,225명을 대상으로 한 조사[15]에서는 직장생활에서 받는 스트레스의 주된 원인이 '상사 및 동료와의 인간관계(25.2%)'와 '과도한 업무량(23.7%)', 그리고 '낮은 연봉(13.1%)', '상사·고객·거래처의 갑질(9.9%)', '성과에 대한 압박(8.9%)' 등으로 나타났다.

또한 고객사의 인사담당자에게 '채용업무상 가장 어려운 점은 무엇인 지?'를 물어보면, '타 부서와의 커뮤니케이션의 어려움'이라고 답한다. 다음은 '부서별 채용인원 확정이나 JD를 받는 데 시간이 오래 걸림', '각 부서별로 면접관 일정을 맞추는 소통의 어려움', '면접 직전 또는 당일 일정 취소 및 변경' 등이었다. 여러 사람이 함께 합의를 하여 일을 진행해야 하는 상황에서 사내 갈등이 적지 않다는 말이다.

이렇듯 타인과의 원활한 소통은 생각보다 어렵다. 동일한 사건에 대해서도 사람마다 감정적으로 느끼는 강도가 다르고 복잡하기 때문에 심리적으로 스트레스를 받게 된다. 엘렌 랭어Ellen Langer 하버드대 심리학 교수는 그의 저서 《마음챙김Mindfulness》에서 새로운 것에 대해 적극적으로 신경을 쓰는 과정에 대해 설명하면서 상대방과 대화를 할 때에는 모든 신경을 집중하라고 한다.

커뮤니케이션 역량이 뛰어난 사람은 다른 사람들에게 호감과 신뢰를 얻는다. 이런 사람들의 공통된 특징은 먼저 상대방의 말, 행동, 태도 등

---

14 통계청 블로그, 〈직장 상사가 주는 스트레스, 이제는 작별인사를 고할 때〉, 2017. 02. 15.

15 디지털뉴스국, 〈직장인이 꼽은 직장생활 스트레스 원인 1위는?〉, 2020. 07. 04, 매일경제.

모든 것에 집중한다는 데 있다. 소통은 혼자가 아니라 다른 사람과의 관계에서 시작되고 평가되기 때문이다. 그럼 조직 내에서 소통을 통해 상대방으로부터 호감과 신뢰를 얻으려면 어떻게 해야 할까?

4가지 기본 소통역량

소통능력을 향상시키기 위해서는 기본적으로 요점파악력, 구두표현력, 문장표현력, 그리고 발표력을 갖춰야 한다. NCS^{National competency} standardization(국가직무능력표준)에서 요구하는 의사소통역량 중 일부이기도 하다.

2018년도에 시애틀에 본사를 둔 아마존^{Amazon}을 탐방할 기회가 있었다. 그곳에서 글로벌 전략 컨설팅펌 중 하나인 에이티커니^{AT Kearney}의 한국법인에서 컨설턴트로 일하다가 아마존으로 이직한 K를 만나 이야기를 나눈 적이 있다.

"아마존으로 이직해서 가장 적응하기 힘들었던 점은 무엇이었나요?"

"소통이었습니다. 아마존에서는 자신의 의견을 전달 시 간단명료하게 요점을 전달을 해야 해요. 그래서 가급적 누구나 아는 쉬운 단어를 사용하여 파악한 내용을 요약해서 전달하는데, 특히 문장의 마지막은 반드시 동사로 끝내는 것이 원칙입니다. 그래야 의미가 변하지 않기 때문이죠."

"자신만의 소통 습관이 있는데, 자존감이 강한 분들은 아마존의 이러한 소통 원칙에 불만이 있을 수 있겠네요."

"네. 맞습니다. 이러한 소통의 기본 원칙 때문에 스트레스를 받거나,

자존심 상해서 입사 초에 퇴사를 하는 사례가 종종 있지만, 그래도 기본 원칙을 고수하고 있습니다."

그도 처음에는 어려웠지만, 간단명료하게 소통하는 기술을 습득하니 오히려 효과적인 소통이 가능해지고 업무효율도 높아졌다고 했다. 아래의 4가지는 조직생활에서 상대방과 의사소통을 효과적으로 하기 위해 기본적으로 갖춰야 할 소통의 기술이자 능력이다.

(1) 요점파악력

많은 양의 서류 및 관련 지식에 대한 요점을 파악하는 능력이다. 헤드헌터는 기업과 후보자를 공감하기 위해서 최신 산업동향과 제품을 이해하고 이를 바탕으로 기업의 핵심을 파악한다. 또한 후보자의 이력서가 1장이든, 10장 이상이든 후보자의 핵심역량을 신속하게 파악하는 능력이 필요하다. 이를 위해 반복적으로 산업 정보와 직무별 핵심 업무내용을 학습해야 한다.

(2) 구두표현력

파악된 요점을 구두로 효과적으로 표현하는 능력이다. 먼저 전달해야 하는 핵심내용이 무엇인지를 파악하고 그것을 어떻게 표현할 것인가를 생각한다. 같은 내용도 어떻게 표현하느냐에 따라 의미가 다르게 전달될 수 있다. 직설적으로 표현하는 것보다 요점의 진의 여부를 변경하지 않으면서 상대방을 동기부여 하는 은유적인 표현을 사용하는 것이 좋다.

(3) 문장표현력

파악된 요점을 쉽고 정확한 문장으로 표현하는 능력이다. 자신이 알고 있는 지식이나 직무능력 등을 문장으로 표현하는 능력은 요점을 파악하는 능력과는 다른 능력이다. 또한 본인이 알고 있는 것을 잘 표현하는 것도 중요하지만 상대방이 알고 싶어 하는 것을 논리적인 문장으로 표현하는 것이 더 중요하다. 전달하고자 하는 내용의 핵심을 파악하고, 그 핵심내용이 흐트러지지 않게 쉽고 정확한 문장으로 표현한다.

(4) 발표력

적절한 도구를 활용해서 발표하는 능력이다. 발표자료를 작성할 때는 핵심내용이 부각되도록 한다. 부수적인 색채나 배경에 시선을 빼앗기지 않도록 한다. 먼저 발표내용의 콘텐츠를 정하고, 전달하는 구조를 정한다. 그리고 효과적으로 전달하기 위한 자료의 컬러, 글씨체 등을 결정하는 것이 좋다.

소통을 위한 기본능력도 갖추지 않고 소통역량을 발휘한다는 것은 불가능하다. 위의 4가지 기본 소통능력을 갖추면 각 산업 및 직무별로 적재적소에서 원활한 소통을 하는 것이 가능하다.

헤드헌터는 다양한 산업과 직업군의 사람들과 소통을 해야 하기 때문에 고객사 및 후보자에 관한 핵심을 파악할 줄 알아야 하며, 그 내용을 구두로, 문장으로, 그리고 적합한 문서 도구를 활용하여 간단명료하게 공유하는 능력을 갖춰야 한다.

상대의 신뢰를 얻는 자기조절능력

타인과의 대화로 스트레스를 받거나, 이로 인해 감정적으로 피곤함을 느끼게 되는 일은 자주 겪게 되는 일이다. 그렇다고 피할 수만은 없다. 피하면 오히려 문제나 관계가 더 악화될 수 있다.

상대방에게 전달하려는 메시지가 비효율적으로 전달된다면, 방해요소를 찾아내는 것이 중요하다. 그 원인이 자신의 말투나 태도에 의해서 반복적으로 발생한다면, 스스로 상대방의 반응을 인식하고 연습을 하여 개선을 할 수 있다. 이렇게 자기조절능력을 활용하여 개선을 하면 원활한 의사소통을 통해 상대방의 호감과 신뢰를 얻을 수 있게 된다.

(1) 자기인식(Self-awareness)을 통해 방해요소를 파악한다.

상대방과 대화 시 자신이 반응하는 태도나 방법에 대해서 스스로 인식해 본다. 의사소통 시 나타나는 언어적, 비언어적인 요소 (표정, 말투, 습관, 안색, 움직임 등)에 대해 섬세하게 감지해 본다.

(2) 선행연습(Rehearsal)을 한다.

혼자 영상녹화를 하여 연습하는 방법도 있지만, 소통전문가와 예행연습을 해 보는 것도 좋은 방법이다. 한 주제를 가지고 주어진 시간 동안 늘 하던 대로 편하게 대화를 나눠본다. 문제점을 적어본 후 자기인식과 선행연습을 통해 나타나는 현상을 체크하여 개선점을 개발한다.

자기인식	선행연습	개선점
•	•	•

예시)

자기인식	선행연습	개선점
• 시선을 마주치지 않는다. • 손 동작을 많이 사용한다. • 눈을 자주 깜박거린다. • 같은 말을 반복적으로 한다.	• 시선을 잘 마주침. • 두 손은 모았다가 자주 움직임. • 눈의 깜빡임이 자주 나타남 　(1/3sec) • 반복적이지 않음	• 상대방과 대화 시 얼굴 표정이나 신체의 움직임과 반응을 의식적으로 줄인다.
• 다리를 번갈아 가면서 자주 꼰다. • 눈썹을 자주 찡그린다. • 대화 중 자주 많이 웃는다. • 상대방 말이 길어지면 짜증 섞인 표정을 드러내고 목소리 톤이 높아진다.	• 다리를 가지런히 모음 • 말이 길어지면서 눈썹을 여러 번 찡그린다. (3번이상) • 대화 중 자주 웃음 • 목소리 톤은 안정적이나 표정이 굳음	• 상대방의 말에 경청하고 공감하는 온화한 표정과 목소리 톤을 유지할 수 있게 개선한다.
• 반복적으로 추임새를 자주 넣는다.	• 상대방의 말에 '네네네' 라고 호응을 한다.	• 과하지 않게 한번 '네' 정도로 함.

의식적으로 자기인식과 선행연습을 통해 원활한 의사소통을 방해하는 요소와 개선 포인트를 찾아서 반복적으로 연습함으로써 효과적으로 의사소통을 할 수 있도록 개선한다. 또한 선행연습을 통해 발견한 불필요한 언행과 생리적인 현상 등을 제거하고 소통기술을 개발하여 성공적으로 대화를 할 수 있도록 한다.

호감을 얻는 표현 기술

사람이란 본래 자기 말에 귀 기울여주고, 가치를 인정해주고, 의견을 물어보는 사람에게 호감을 갖는다. 소통 시 주고받는 서로에 대한 호감과 신뢰는 상대방이 얼마나 내 이야기에 귀 기울이고 공감하는지에 달려있다. 헤드헌터는 기업과 후보자의 니즈와 상황을 이해하는 것에서부터 소통을 시작한다. 특히 후보자의 커리어를 통해 그 삶을 이해하고 공감한다.

경청과 공감의 태도를 갖기는 쉽지 않다. 이것은 꾸준한 자기조절과 대인관계를 향상시키는 노력을 통해 개발되는 역량이다. 예를 들어 고객사나 후보자와 초면 미팅 시에는 다소 어색한 분위기가 있을 수 있기 때문에 가벼운 인사로 마무리를 하고 본 미팅 주제로 넘어가서 고객사와 후보자의 니즈에 경청하고 공감해야 한다. 하지만 사적인 지인관계 및 자신의 최근 상황을 장황하게 설명하면서 미팅 시간의 대부분을 할애하는 경우가 있다. 또한 상대방의 니즈에 과하게 공감을 해서 개인적인 성향과 감정을 강하게 드러내거나 신체적인 움직임이 많아 경청과 공감은

커녕 소통의 방해요소로 작용하는 경우도 있다.

상대방의 말에 경청하고 공감한 내용을 어떻게 표현하느냐에 따라 호감을 얻을 수 있다. 대화를 효과적으로 하기 위해 필요한 기본능력과 자기조절능력을 개발하였다면, 이제는 자신의 의견을 잘 표현하는 방법을 개발한다.

(1) 감정을 제거한다

먼저 자신의 감정이 배제된 톤으로 말해야 한다. 목소리의 톤은 전달해야 하는 정보의 비언어적인 측면이기 때문에 감정이 섞인 억양, 표정, 신체의 움직임 등에 의해 핵심정보의 전달에 혼선이 발생하지 않도록 해야 한다.

(2) 뜻을 명료하게 전달한다

뜻을 전달하기에 적합한 단어로 쉽고 명료하게 전달한다. 미사어구를 과도하게 사용하거나 돌려서 말하여 혼선이 초래되는 경우가 많다. 상황에 적합한 단어를 사용하고 현명하게 전달하는 기술이 필요하다. 좋지 않은 소식을 지나치게 직설적이고 분명하게 이야기하는 경우도 종종 발생한다. 이 경우 상대방의 감정을 고려하면서 현명하게 소통하는 지혜가 필요하다.

(3) 온화하게 말한다

대화할 때는 뜻이 왜곡되지 않는 범위에서 온화한 표현을 사용한다. '말 한마디가 천냥 빚을 갚는다'는 속담이 있듯이, 말의 온화함이 가진 효

과는 적지 않다. 같은 말도 말하는 사람의 의도와 태도에 따라서 그 의미
가 달라진다. 직장 내의 갑질 논란이 자주 이슈가 되기도 한다. 의사소통
을 하는데 하대하듯, 가르치듯, 윽박지르듯, 소리지르듯 말하는 태도는
사람을 떠나게 한다. 효과적인 의사전달을 위해 전달해야 하는 내용을
온화한 톤으로 말하는 기술이 필요하다.

설득을 잘 하기 위한 감성지능(EI) 활용법

조직 내에서는 같은 정보임에도 불구하고 서로 생각과 의견이 달라
논쟁과 갈등이 존재하기도 한다. 자신이 경험한 환경이나 상황에 따라
다를 수밖에 없다. 이렇듯 다른 생각과 의견을 갖고 있는 상대에게 아무
런 소통의 기술도 없이 원하는 것을 얻는다는 것은 불가능하다. 앞에서
언급한 것처럼 소통의 기본역량, 자기조절능력, 표현기술을 통해 상대방
에게 호감과 신뢰를 받았다면, 이제 자신이 원하는 것을 성공적으로 이
끌어 내기 위한 설득하는 기술이 반드시 필요하다. 상대방을 설득한다는
것은 많은 시간과 에너지가 필요한 일인만큼 그 방법도 다양하다.

감성지수EQ를 활용한 소통은 설득과 협상을 할 때 사용하는 방법 중
하나이다. 대니엘 골먼은 감성지능EI: Emotional Intelligence을 자기인식과 조절,
그리고 타인의 감정을 공감하는 능력을 바탕으로 상대방과 인간관계를
맺고 관리하는 능력이라고 했다. 또한 감성지능능력이 개발되면 사람들
에게 마음에서 마음으로 영감을 주고, 동기부여를 하고, 미션을 분명하

게 하는 등의 효과적인 커뮤니케이션을 할 수 있다고 설명한다.[16]

나 또한 상대방과 효과적으로 소통하기 위해 감성지능(EI)를 학습하고 상황에 따라 활용하고 있다. 상대방의 다른 생각과 의견을 합리적으로 설득하고 원하는 결과를 이끌어내기 위해서이다.

그러기 위해서는 먼저 상대방의 상황과 니즈를 충분히 경청하고 감정적으로 교감하는 능력이 필요하다. 감정적 교감은 상대방의 심리나 감정 상태를 잘 읽어낼 수 있는 능력을 말한다. 상대방의 표정이나 목소리, 몸짓 등을 통해서 그들이 어떤 느낌을 갖고 있는지를 읽어내고 공감하는 것이 중요하다. 이때 공감능력을 위해 감성지능EI을 개발해야 한다. 개발된 감성지수EQ를 통해 상대방을 성공적으로 설득할 수가 있다. EQ를 활용한 커뮤니케이션은 민감한 개인의 상황을 공유해야 하기 때문에 먼저 상대방과의 신뢰가 기본이 되어야 한다.

필자는 상대방을 설득 시 EQ를 자주 활용하는데 그 방법은 아래와 같다.

먼저. 감성적인 교감과 공감Emotional empathy을 통해 상대방이 처한 환경과 상황을 공감한다.

두 번째, 상대방에게 이성적Rational으로 생각하고 선택했을 때의 혜택과 이익을 설명한다.

세 번째, 이성적으로 판단하고 선택했을 때의 전체 진행하는 일의 프로세스를 실행프레임Framing을 통해 보여준다.

마지막으로 그 결과를 생생하게 증명해 준다.

---

16 Daniel Goleman,《Emotional Intelligence》, Bantam, 1996.

채용 프로젝트마다 전체적인 가설이나 실행프레임을 미리 계획한 후 실행한다면 성공 가능성을 높일 수 있다. 그 프레임 안에 단계별로 발생 가능한 변수들이 무엇인지 예측해 보는 것도 도움이 된다. 그리고 그 변수들의 해결 방안을 생각할 때에는 먼저 후보자의 감정과 심리상태를 공감하는 것이 중요하다.

먼저 후보자가 이직을 해야 하는 현직의 상황과 사적으로 겪고 있는 사건 사고 등에 대해서 충분히 감성적으로 공감을 한다. 공감이 형성되면 신뢰가 생기고 그러면 마음이 열릴 것이다.

대니얼 카너먼은《생각에 관한 생각Thinking, Fast And Slow》에서 판단과 선택의 오류를 줄이기 위해 직관이나 감정에 의한 빠른 행동을 논리적 이성으로 조정하고 이끌 수 있어야 함을 강조한다. 위의 첫 번째 단계의 감정에서 두 번째 단계로 넘어가는 과정에는 논리적인 이성이 작용한다. 감정과 이성을 작동시키는 것도 인간의 생각이므로 EQ의 작동원리를 학습하고 개발해서 다양한 상황에 맞춰 성공적으로 커뮤니케이션을 할 수 있도록 해야 한다.

몇 년 전에 스튜어트 다이아몬드 교수의 협상 과정에 참여해 협상을 성공으로 이끄는 다양한 전략을 배울 기회가 있었다. 그 중 'Getting More'라는 협상프레임이 있었는데, '더 많이 얻어내기'라는 이 협상 방법에서는 사람에게 집중하는 것을 강조한다

상대방으로부터 더 많은 것을 얻으려면 그 만큼 상대방을 더 깊이 연구하여 충분히 이해하고 있어야 한다. 또한 상대방의 '숨겨져 있는 걸림돌'을 찾아내는 것도 협상을 성공으로 이끄는 방법으로 소개한다. 중요한 것은 이러한 방법 모두 상대방의 감정과 심리상태를 충분히 이해하고

공감하는 것에서 시작한다는 점이다. 상대방을 감성적으로 공감할 때 마음이 열리고, 그러면 상대방은 당신의 말에 귀를 기울일 것이다. 헤드헌터의 커뮤니케이션 역량은 일의 시작부터 마지막까지를 함께 하는 업의 일부이자 전부라고 할 만큼 중요하다.

그렇기 때문에 헤드헌터는 기본 소통능력부터 상황별로 대처하는 소통능력까지 체계적으로 개발하여 성공적으로 커뮤니케이션을 이끌 수 있어야 한다.

12장

성과를 만들어 내는
자기관리 역량

처음부터 멋진 성공을 거둔 사람이 있을까? 얼마 전에 끝난 2020년 도쿄 올림픽에 참가하여 국민들에게 특별한 감동과 희망을 준 선수들이 있다. 그 중 높이뛰기 우상혁 선수는 유년시절에 오른발이 차에 깔리는 교통사고를 당해 양발의 균형감을 찾는데 큰 어려움을 겪었지만 학습과 훈련을 통해 이를 극복하고 놀라운 실력을 발휘하여 세계의 주목을 받았다.

어떤 분야에서든 큰 성공을 거둔 사람들은 불편함과 두려움 속에서도 철저한 자기관리를 통해 성장한다. 이들은 두려움을 용기로 바꾸는 힘을 가진 사람들이며, 그 용기는 자신에게 도전과 경험이라는 기회를 주면서 성장한다.

자기관리는 자신의 행동을 변화시킨다는 것을 의미한다. 즉 정서적,

정신적, 신체적으로 스스로를 변화시키기 위한 의도적인 학습과 행동을 포함한다. 다시 말해 자기관리는 자신의 비전과 목표를 세우고, 그것을 달성하기 위한 도전과제를 스스로 설정할 뿐 아니라, 반복적인 노력으로 습관화될 때까지 자기계발 노력과 실행을 다한다는 말이다. 이때 비로서 자기관리는 실력으로 전환된다.

20세기 미국의 언론인이자 동기부여 칼럼니스트 윌리엄 A. 워드는 성공을 위한 자기관리를 4P로 설명하였다. Purposefully(목적을 갖고), Prayerfully(간절히 바라면서), Positively(긍정적으로), Persistently(집요하게). 4P대로만 자기관리를 한다면 실력은 자연스레 따라올 것이라 확신한다.

나의 경우도 2004년 10월에 헤드헌터를 시작한 후 3개월은 고객사 개발을 위한 도전의 연속이었다. 영업은 누구에게나 부담되고 쉽지 않은 일이다. 그렇지만 철저한 자기관리를 통해 행동으로 옮기는 사람에게는 반드시 보상이 따라온다.

매일 채용을 진행하고 있는 20여 개 기업의 정보를 학습하고 퇴근 전에 '헤드헌터 심숙경입니다. ……. 기회를 주시면 귀사에 인재를 매칭해 드리겠습니다.'라고 적은 메일을 보내고, 다음 날 오전 8시30분부터 10시까지 확인 전화를 했다.

성공한 헤드헌터가 되기 위해서는 고객사 확보가 반드시 필요하다는 강한 목적 의식과 확신이 있었다. 매일 선정한 타깃 기업으로 영업을 하고 실행한 결과를 메모했다. '거절함/3일 후 다시 시도, 실패/4시에 다시 통화, 거절/가능성 있음…' 등 긍정적인 생각으로 3달을 집요하게 실행했다. 그 결과 고객으로 연결된 업체가 30여 개사에 달했고, 혼자 감당이 어려워서 전담 리서처도 2명 고용하게 되었다.

'싱어게인'에서 배울 수 있는 목표달성능력

나는 오디션이나 서바이벌 프로그램을 좋아한다. 긴장감도 있고 무엇보다 짧은 시간 안에 주어지는 미션Mission을 달성해 내는 참가자들의 노력과 능력에 놀란다. 재능과 열정이 남다른 참가자들에게 분야별 최고의 전문가들이 체계적으로 지원을 하기에 가능한 일이라 생각된다. 하지만 사즉생死卽生의 마음으로 반드시 목표를 달성하려는 참가자들의 의지, 눈빛, 태도와 엄청난 노력을 통해 실행하는 모습을 보면 감동을 받는다.

2020년부터 2021년까지 JTBC에서 방영된 리부팅 오디션 프로그램 '싱어게인'에는 라운드마다 모두 심사위원들에게 혼돈에 빠트리는 무명가수 '30호'가 있었다. '30호' 가수는 자신을 '애매한 경계'에 있는 가수인데, 좋게 생각하면 애매해서 더 많은 것을 이야기할 수도 있다고 소개한다. 유희열 심사위원은 '30호' 가수에 대해 ^(기존)곡을 잘 해체하고 새롭게 조립을 해서 완성도 높은 다른 노래로 만드는 가수로 평을 했던 것이 기억난다. 주어진 짧은 기간동안 깊이 있게 곡을 해석해서 본인의 노래로 만들어 내는 참가자의 목표달성능력에 전율을 느낀다.

목표달성능력도 배우는 기술인가? 배우는 기술이면 어떻게 배우고 개발해야 하는가? 일시적이든 지속적이든 성과를 만드는 사람들은 누구이고 어떤 사람들인지 생각해 보자.

스펙spec 좋고 머리 좋은 사람, 성실하고 꾸준한 사람, 외향적이고 활동적인 사람, 긍정적으로 일하는 사람, 상상력이 풍부한 사람, 멀티플레이어로 일하는 사람, 분석적으로 일하는 사람, 생각을 오래하고 결정하는 사람, 빠르게 결정을 하는 사람, 직관적으로 결정하는 사람 등 다양할 것이다.

이처럼 성과를 내는 사람들의 유형은 천차만별이다. 개인의 업무스타일이나 인성, 개성과도 크게 관련이 없다. 하지만 목표달성능력이 있는 사람들을 보면 스스로 실행 계획을 세우고 반드시 실행으로 옮긴다는 공통점이 발견된다. 목표와 계획만 세우는 데 그치는 것이 아니라 실행까지가 이들의 일하는 패턴이자 습관이다. 또한 고성과를 만들어내는 사람들은 본인의 강점을 잘 인지한다. 그 강점을 잘 활용하여 목표를 좀 더 높게 세우고 스스로에게 도전하여 더 높은 성과를 만들어 낸다.

목표를 달성해서 성과를 내려면 실행능력을 갖춰야 한다. 피터 드러커는 조직이나 개인이 달성해야 할 목표는 반드시 '상세 활동계획을 수립하고 목표달성에 대한 정도를 평가, 관리'해야 한다고 말했다.

목표를 이루지 못한 사람들을 살펴보면, 목표는 있는데 세부계획이 없다. 예를 들어, 주변에 흔히 '다이어트를 해서 살을 빼겠다'는 사람은 많은데, 실제 구체적인 계획을 세워 실천함으로써 살을 뺀 사람을 보기는 쉽지 않다. 목표는 세부계획이 실행되면서 작동한다. 목표가 달성되었을 때 경험하는 자신감은 경험을 해 본 사람만이 안다. 그리고 이 경험은 또 다른 목표를 달성하는 데 디딤돌이 된다.

나는 목표와 계획을 자주 만드는 사람이다. 중장기 목표에서 분기별, 월별 목표를 세운 후 다시 월별 목표 달성을 위한 주별 계획을 세운다. 지금도 이 책을 완성한다는 목표를 세우고 다음날 업무에도 지장이 없도록 세부 실행계획에 맞춰 매일 평균적으로 오후 7시부터 12시까지 글을 쓴다. 20여 년 하고 있는 내 업을 책으로 만드는 작업이 세부 실행계획에 따라 잘 완성될 것이라는 믿는다. 이 믿음 또한 그동안 목표를 세우고 달성해온 여러 경험에서 나오는 것이다.

성과를 만들어 내기 위한 목표관리는 보통 3단계로 구성된다. 1단계는 목표를 설정하는 것Goal Setting, 2단계는 세부 실행계획을 세우고, 목표 달성도를 확인하는 것Action/Monitoring, 3단계는 설정한 목표 대비 달성도를 평가하고 피드백Evaluate/Feedback하는 것이다.

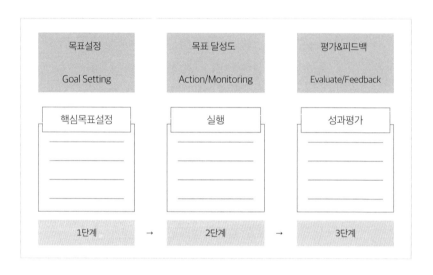

목표달성능력을 갖추면 일에서의 성취감과 만족도가 높아진다. 목표 달성 능력을 갖추는 데 타고난 재능이 있어야 하는 것은 아니다. 노력에 의해 개발될 수 있는 역량이다. 먼저, 자신의 세운 실행계획에 집중하라. 실행계획과 활동이 일치되지 않으면 성과는 만들어지지 않는다. 성과를 만들어내지 못하면 조직에서 도태될 수밖에 없다.

그다음 불필요한 시간낭비요인을 제거하라. 미팅시간, 인터뷰시간, 후보자와의 통화시간, 동료와의 대화시간 등을 효율적으로 활용하고 있는지 파악하고 불필요한 요소들을 제거하는 노력을 통해 실행계획의 실행에 집중할 수 있어야 한다.

또한 처한 상황에 따라 다르게 대처할 수 있는 유연한 실행력이 개발되어야 한다. 이 역량은 스스로 일에 대해 생각하고 질문하면서 방법을 찾거나 개발해야 한다. 그러기 위해 꾸준한 자기개발을 위한 노력이 반드시 필요하다.

원하는 것을 찾아가는 방법

헤드헌터 양성과정을 운영하면서 수강생들로부터 가장 많이 듣는 질문은 '어떻게 하면 헤드헌터를 잘 할 수 있나요?', '제가 하면 성공할 수 있을까요?'와 같은 내용이다. 이 질문만큼은 진심을 다해 알려준다. 헤드헌터가 갖춰야 할 업무 단계별 지식과 기술을 여러 실패사례와 성공사례를 통해 전달한다. 또한 꾸준한 자기개발과 목표관리의 중요성도 알려준다.

그러면 수강생들은 대체로, '사례를 듣고 열정적으로 해야겠다고 생각했어요.' '목표를 세우고 전문 헤드헌터에 도전 해야겠다고 결심했어요.' '자기개발을 위해 얼마나 많은 노력이 필요한지 알게 되었어요.' 등의 반응을 보인다. 그렇지만 몇 달 후 다시 확인해보면 '생각처럼 잘 안되네요.', '그냥 다시 전에 했던 일을 하고 있어요.', '새롭게 한다는 것이 어렵네요. 다른 일 알아보고 있어요.' 등의 대답이 돌아오곤 한다. 업에 대한 선택과 결정은 자신의 상황과 역량에 따라 바뀔 수 있다. 그러나 외부환경이나 타인에 의해서 본인이 선택한 업이 바뀐다는 것은 업에 대한 의미를 찾는 노력과 목표를 만들기 위한 노력이 부족해서일 수 있다.

제너럴일렉트릭GE의 최연소 최고경영자가 되어 GE를 세계 최고 기업으로 성장시킨 잭 월치 전 회장의 명언은 항상 나를 긴장시킨다. '자신의 운명을 스스로 결정하지 않으면, 다른 사람들이 할 것이다Control your destiny or someone else will.' 내가 아닌 누군가에 의해서 내 직업, 나아가 내가 해야 하는 일과 하지 말아야 할 일들이 결정된다고 생각하면 아찔해진다. 이렇게 되지 않으려면, 자신의 일에 대해 끊임없이 생각하고 자기개발을 해야 한다.

'생각'의 중요성을 강조한 책이나 강의는 많다. 그중 심리학자 대니엘 카너먼은 인간이 생각하는 방식을 다양한 실험과 사례를 통해 설명한다. 저절로 작동되어 무의식적으로 나오는 생각(시스템 1)과 의식적으로 추론의 노력이 필요한 생각(시스템 2)을 분리해서 깊이 있게 설명한다. 이렇게까지 생각이 중요한가를 생각하게 하는데, 스스로 의식적으로 미래와 그 미래에 해야 할 무엇인가를 지향해야 함을 강조한다.

자신의 업과 미래에 대한 생각은 너무 학문적이거나 원대하지 않아도 된다. 자신의 일에 대해 스스로에게 던지는 질문에 대하여 일의 의미를 생각하면서 방향을 정하여 답하면 된다. 그러면 성과를 만들기 위해 필요한 역량, 즉 자기개발 역량도 발휘될 수 있을 것이다.

> 왜 이 일을 하고 싶은가?
>
> 내가 가고 있는 길이 맞는가?
>
> 나의 핵심 역량은 무엇인가?
>
> 어떻게 하면 업무를 더 효율적으로 할 수 있을까?

직무별 핵심역량을 빠르게 파악하는 방법은 무엇일까?

역량검증을 정확하게 하려면 어떤 방법을 사용하면 가능할까?

정확하게 검증하기 위해 어떤 방법을 활용하면 좋을까?

고객의 채용니즈를 어떻게 후보자에게 효과적으로 전달할까?

후보자의 핵심역량을 어떻게 고객에 효과적으로 전달할까?

이 시점에서 고객은 무엇을 생각하고 있고 어떤 니즈가 있을까?

어떻게 하면 후보자를 동기부여할 수 있을까?

위의 질문들을 하는 이유는 자신의 성장을 위해, 역량 개발을 위해, 일의 완성도를 높이기 위해, 좋은 영향력을 주는 사람이고 싶어서 등일 것이다. 자신과 타인에게 좋은 영향력을 주는 사람이 되기 위해서는 먼저 '당신이 진정으로 원하는 것이 무엇인지'를 스스로에게 반복적으로 물어봐야 한다.

스튜어드 다이아몬드 교수는 "정확히 알 때까지 더 많은 질문을 하라. 전혀 예상하지 못한 대답을 얻는다"[17]라고 했다. 질문을 통해 스스로 잠재되어 있는 능력, 즉 자신 속의 거인을 찾으라는 의미라고 생각된다.

스스로에게 던지는 질문은 방향을 찾을 수 있게 하고, 만족스러운 일의 결과를 만들어 낼 뿐 아니라, 지적으로 성숙해졌다는 느낌을 가지게 한다. 매일 아침 일어나면서부터 순간순간 습관적으로 질문을 던져라. 질문은 자기개발을 하게 하는 원동력이 되고, 스스로 성장하는 모습을 느끼게 될 것이다.

---

17 스튜어트 다이아몬드, 김태훈 옮김, 《어떻게 원하는 것을 얻는가》, 8.0, 2015, 238쪽.

자기개발은 자신의 삶을 긍정적으로 변화시키고 성장시키기 위한 셀프리더십Self-Leadership이다. 자기개발과 셀프리더십이 함께 작동할 때 예상치 못한 거인의 모습을 만나게 될 것이라 믿는다.

셀프리더십으로 다른 사람과 함께 성공하자

2003년도에 ㈜휴넷에서 영업팀장으로 근무할 때, '전 사원이 함께 하는 경영혁신'과정이 개발되었다. 영업을 하기 위해서는 그 내용을 알아야 하겠기에 먼저 학습을 시작해야 했다. 시기적으로 나에게 필요했던 내용이었고 감동도 컸다. 그리고 감동 그 이상의 영업실적도 달성할 수 있었다. 이 과정의 마지막 부분이 셀프리더십이었다.

조직 혁신은 시스템으로 하는 것도 중요하지만, 개인이 스스로의 일과 삶에 있어서 리더가 되는 것이 더 중요하다는 점을 강조하는 내용이었다. 1년 넘게 하루에 3~4군데의 고객에게 이 교육과정을 영업하면서 특히 조직의 구성원 스스로가 셀프리더십을 가져야 하는 중요성을 강조했다. 이것이 내가 남들보다 셀프리더십에 큰 관심을 갖게 된 계기가 되었다.

셀프리더십은 자기 인생의 방향을 스스로 설정하고, 자신의 일에 최선을 다하고, 책임감 있게 행동하는 자기경영 마인드이다. 즉 자기개발을 통해 긍정적이고 바람직한 변화를 만드는 모든 사고방식과 행동전략이다.

셀프리더십을 성장시키기 위해서는 목표달성 능력과 시간관리 능력이 필요하다. 스스로 목표를 정하고 주어진 시간 안에 달성하는 능력을 개발하면 셀프리더십은 성장한다.

최근 들어 셀프리더십이 다시 강조되고 있다. 개인의 발전이 조직의 성과창출에 많은 영향을 주기 때문일 것이다. 따라서 셀프리더십은 개인의 목표달성뿐만 아니라 조직의 성과창출을 위한 구성원의 자율적인 노력의 과정이다. 또한 개인과 조직에 긍정적인 변화를 가져오는 일이다. 긍정적인 자기변화는 함께 일하는 동료, 선후배의 성장에도 좋은 영향을 끼친다. 셀프리더십의 효과를 잘 표현해 주는 명언이 있다. 세계적인 연설가이자 동기부여 전문가로《정상에서 만납시다》라는 책의 밀리언셀러 작가로도 유명한 지그 지글러Zig Ziglar의 인생철학으로 알려져 있는 말이다.

"당신이 다른 사람이 성공하도록 진심으로 도와준다면 당신도 그렇게 성공할 수 있다."[18]

작년 초에 세상을 떠난 GE의 전 회장 잭 웰치는 2001년 은퇴 후에도 온라인 MBA 교육기관인 JWMIJack Welch Management Institute를 설립해서 교육과 리더 양성에 힘써 왔고, 그의 경영 인사이트는 계속 이어지고 있다. JWMI CEO 딘 시펠은 웰치 전 회장에게 배운 가장 중요한 교훈을 그의 말을 인용해 답했다.

"리더가 되기 전 성공은 본인에게 맞춰진다. 리더가 된 다음 성공은 타인의 성장에 있다."[19]

---

18 "지그지글러." 산수야 출판사 웹사이트, http://www.zigziglar.kr/?page_id=17.

19 윤선영 연구원, 〈[Biz times] 굿바이~잭 웰치가 남긴 `리더의 품격`…리더로서 성공하려면 직원들의 성장 도와라〉, 2020.03.12, 매일경제.

직원이나 동료를 성장시키려는 마음으로 교육을 하다 보면, 자신이 더 성장했다는 것을 느낄 때가 있을 것이다. 나 역시 헤드헌터 초창기에 직원 2명을 채용하지 않았다면 지금의 나는 없었을 것이다. 지금 생각하면 당시 나는 고객사 선별 능력도 제대로 없었던 초보 헤드헌터였다. 사업 초기라 대표로서 최대한 많은 고객을 확보해야 한다는 사명감으로 사업에 집중했던 시기였다. 또한 고객사에서 받은 채용오더에 대해서는 반드시 후보자를 추천해야 한다는 무한 책임감으로 일했던 때였다. 오더는 넘쳐났고 전략적으로 일을 해야 했다. 일을 일찍 시작하는 제조업체는 오전에, IT/벤처회사 오후에, 그리고 해외고객사는 저녁 8시 이후에 집중하는 방식으로 하루를 사흘처럼 일했다.

당시에는 경험해 보지 못한 업무가 경험해본 업무보다 더 많았지만, 회사의 대표로서 2명의 직원을 잘 교육시켜야 한다는 책임감과 일에 대한 자신감을 보여줘야 한다는 의지도 강했다. 매일 오전 업무시작 전에 30분씩 교육을 했다. 모르는 것은 자료를 찾거나, 헤드헌터 경험이 풍부한 지인에게 배워서 교육했다. 우리는 1분기 동안 25건을 성공시켰다. 2분기가 되어서는 신입이었던 2명의 헤드헌터가 스스로 헤드헌팅 프로세스를 리딩Leading할 수 있는 수준이 되었고, 신규 직원이 필요하여 인턴직원도 1명 더 채용했다.

그러자 업무 세분화가 필요해졌다. 각 헤드헌터의 업무를 프로세스(영업, 내부PM, 리서치)로 나누고 Case Study와 브레인스토밍 방법을 사용하며 업무 교육과 멘토링을 병행했다. 그리고 효율적인 협업을 위해 업무 Tool 개발이 필요했다. 반복적인 아이디어 회의와 시행착오를 거쳐 기준 문서와 프로그램을 만들었고 그것이 오늘날의 이노HR의 업무시스템

l-smart과 업무규정이 되었다.

창업 후 CEO로서 부족한 역량을 개발하기 위해 영업교육부터 리더십, 코칭, 스피치 등 다양한 분야의 학습뿐만 아니라 헤드헌터 직무에 필요한 인사, 면접, 협상 등을 학습하고 습득했다. 지금은 함께 하지 않지만 창업 초기 2년간 함께 일했던 직원들은 나보다 훨씬 뛰어난 영향력 있는 헤드헌터가 되어 지금도 활발하게 활동하고 있다. 너무 고맙고 감사하다.

리더십은 갑자기 생기는 것이 아니다. 다른 사람에게 긍정적인 영향을 끼쳐 그들의 잠재력을 최대한 이끌어 내기 위해서는 함께 하는 사람들의 성장과 성공을 진정성 있게 돕는 셀프리더십이 실천되어야 한다.

진정한 승자는 누구일까?

사람이라면 생활 속에서 크고 작은 스트레스부터 큰 시련까지 다양한 경험을 피할 수 없다. 취업실패, 입시실패, 사업실패, 실직, 이혼, 질병, 사고, 인간관계 갈등 등 좋지 않은 사건들은 언제든지 일어난다.

비대면 환경에서 영업을 해야 하는 사람의 실적저하, 잦은 업무적 실패, 기술의 힘에 의한 퇴직 등의 스트레스와 상하관계에서 오는 언어적 폭력, 무시, 오해 등과 같은 인간관계에서 오는 스트레스를 호소한다.

어차피 생활을 하면서 피할 수 없는 일이라면 자기 스스로 극복해 내는 능력을 키우는 것이 방법이다. 이러한 위기와 실패를 극복하고 조금씩 앞으로 나아갈 수 있게 하는 것이 바로 회복탄력성Resilience이다.

3개월 이상 진행하여 채용이 거의 확정된 고위 임원 채용 프로젝트가 고객사의 불가피한 사정으로 채용오퍼를 받기 직전에 갑자기 취소되는 경우, 입사당일 후보자가 핸드폰을 끄고 잠수를 하는 경우 등 나의 노력과 의지와는 전혀 상관없이 벌어지는 일에 대해 헤드헌터는 책임을 져야한다. 1년 전 사무실을 옮길 때에는 인테리어업체와의 잘못된 인연 때문에 3개월의 업무공백을 감당해야 했다. 새 건물은 전쟁터처럼 바뀌었고, 직원들은 일할 장소가 없어 힘들었던 때를 떠올리면 지금도 식은땀이 흐른다. 직원들과 지혜를 모아 위기를 함께 극복했고 이 일 덕분에 더욱 단단해진 팀워크는 '우리는 하나다'와 같은 믿음과 의리를 갖게 했다.

　　역경과 시련을 겪으면 대부분의 사람들은 휘청거리거나 좌절하는데, 어떤 사람들은 오뚝이처럼 다시 일어나 더 성장한다. 이러한 힘을 회복탄력성Resilience이라고 한다. 즉, 자신에게 닥치는 온갖 역경과 어려움을 도약의 발판으로 삼는 긍정적인 힘을 의미한다.

　　역경을 극복한 위대한 인물에서 찾아볼 수 있는 특징 중에 하나가 회복탄력성이다. 어려움을 잘 극복한 사람들은 3가지 공통점이 있다.

- 현실을 그대로 받아들인다.
- 자신의 삶의 의미를 확신한다.
- 현실에서 최선을 다해 기적에 가까운 능력을 발휘한다.

　　위의 3가지 중 한 가지만 있어도 어려움을 극복할 수는 있다. 그러나, 세 가지를 다 가져야 진정한 회복탄력성이 높은 '오뚝이 같은 사람' 또는 '진정한 승자'가 될 수 있다.

　　회복탄력성의 힘RQ을 높이면 반복적으로 일어나는 삶의 변화와 위기를 더 큰 성장의 발판으로 삼을 수 있게 된다. 체계적인 훈련에 의해 육체의 근육이 생기듯 회복탄력성을 높이기 위해서도 반복적인 학습과 훈련을 통해 마음의 근력을 키우는 노력이 필요하다.

함께 일하고 싶은 사람의 매력 '실행력'

조직의 구성원들을 살펴보면 지식을 담고만 있는 사람이나 일을 말로만 하는 사람들이 적지 않다. 이들은 '내가 해 봤는데 안돼', '누가 하는 거 봤는데 실패했어' 등과 같이 과거의 일들로 미루어 새로운 것은 시작조차 안하고, 현실을 부정하고, 변화를 두려워한다.

미국의 소설가이자 '톰 소여의 모험'의 작가로 유명한 마크 트웨인은 "성공의 비결은 시작하는 것이다." 라고 했다. 그가 조언하는 시작의 비결은 너무 복잡하거나 압도적인 과제들을 관리 가능한 작은 과제들로 쪼개고 나눠서 첫 번째 과제부터 시작하는 것이다. 필자도 항상 강조하는 말이다. "작게 쪼개서라도 실행을 통해서 성공에 대한 체험을 해보자."

시작하지 않으면 어떠한 것도 얻을 수가 없다. 비록 실패를 하더라도 새로운 일에 도전과 경험을 위해 행동으로 옮겨 보는 것이 중요하다. 역경을 딛고 일어나서 성공해 본 사람은 새로운 일을 대할 때 두려움 보다는 성공에 대한 기대가 높고, 실제 성공확률 또한 높다.

우리 회사는 분기마다 함께 일하고 싶은 사람을 그 이유와 함께 뽑는다. 1위는 일의 완성도와 성공확률이 높은 사람이다. 성과중심으로 운영되는 조직이어서 일 수도 있지만, 사람들은 자신을 성공으로 이끌어 주는 사람을 본능적으로 따르게 되어 있다.

　새로운 일을 함에 있어서 상대방을 이끌고 성공의 확률을 높이려면, 자기 스스로 경험과 실행을 통해 다양한 변수와 변화에 대한 대응력을 키워야 한다.

　헤드헌터를 하면서 어렵고 힘든 상황들을 많이 경험한다. 불필요한 오해, 후보자를 대신해서 책임을 저야 하는 상황 등은 항상 존재한다. 어떠한 환경과 상황에서도 스스로 문제의 원인을 찾고 그 문제를 해결하기 위한 실행을 하는 것이 중요하다. 직접 현장에서 현황을 파악해 책임지고, 더 좋은 솔루션을 찾아가면서 조금씩 성공률이 높은 실행력을 갖춘 전문가로 성장해 가는 것이 필요하다.

일과 사람이 만나
가치를 만든다

기업과 인재 중에 헤드헌터를 모르는 사람이 있을까? 만약에 있다면 기업은 인재채용에, 인재는 자신의 커리어개발에 문제가 없다고 생각하거나 관심이 없는 사람일 것이다. 20여 년 전 헤드헌터라는 직업의 매력에 이끌려 이 일을 시작한 후 지금까지 기업과 인재의 매칭 현장 속에서 경험한 일들을 이 책에 생생하게 담았다.

헤드헌터로서의 나의 커리어를 돌아보면 크게 내세울 만한 것은 없다. 그러나 좋았던 순간이든 힘들었던 시간이든 내가 있어야 할 자리에서 진정성 있게 일했던 것이 나름 신뢰라는 평판을 얻는 데 도움이 된 것 같다. 수많은 프로젝트를 진행하면서 '쉽게 매칭에 성공한 적이 단 한 번도 없었다.'고 말할 수 있을 정도로 힘든 시간이었고 풀리지 않는 매듭처럼 답답하고 복잡한 일들도 많았다.

그렇지만 힘들었던 일들은 기억해 내려고 애쓰지 않으면 이상할 정도로 잘 생각나지 않고, 언제나 '새로운 인재 매칭 프로젝트'에 가슴이 설레고 뛴다. 마치 겨우내 내려서 얼어 있던 눈이 봄 햇살에 사르르 녹고, 그 속에서 봄꽃이 살며시 봉우리를 피우는 것을 볼 때처럼 말이다.

이런 이유는 나를 믿어주고, 아낌없는 응원으로 '내가 가야 하는 길'을 보여주는 등대와 같은 역할을 해 주신 많은 인생의 선배이자 멘토 분들이 있었기에 가능한 일이다.

"심 대표의 꿈은 무엇인가요?"

나의 꿈Dream에 대해 잊을 만하면 물어봐 주시는 김재우 회장님((사)한국코치협회명예회장) 덕분에 초심을 잃지 않을 수 있었다. 처음에는 대답하기 머쓱했을 정도로 '저도 유명해지고, 저희 회사도 유명해지는 것입니다.', '회사를 잘 경영하는 것이요.', '회사이름만큼 혁신적인 HR회사를 만드는 것이요.'. 대답은 조금씩 진보하고 있었다. 내가 했던 말을 기억하시고 그후에도 김 회장님께서는 나를 깨우는 질문들을 자주 던지셨다.

"심 대표는 이 일을 왜why 하나요?", "심 대표의 고객은 누구인가요?", "왜Why 심 대표에게 연락을 할까요?"

이런 질문을 들을 때마다, 내가 하는 일을 더 깊이 있게 생각하게 된다. 나의 관점에서, '왜why 일하는가?'에서 시작한 질문들의 끝은 항상 고객의 관점과 니즈에 닿았다. '무엇을 위해 일을 하는가?', '고객이 무엇을 가치 있게 생각하는가?' 등과 같은 끊임없는 질문과 생각은 업의 의미와 비전을 찾아가는 시간으로 연결되었다. 결국 기업과 인재의 가치를 중심에 두고 일을 설계하고 진정성을 가지고 그 가치를 만드는 일이 내가 하는 일이라는 결론에 도달하였다.

"일과 사람이 만나 가치를 만든다 입니다."
"심 대표가 생각하는 그 꿈을 마치 본 듯이, 느낀 듯이, 생생하게 마음에 품으세요"

업의 의미를 어디에 두고 어떻게 실행하느냐에 따라 가치가 달라진다. 돌이켜보면, 오랜 시간을 들여 찾은 꿈과 비전을 가슴에 품고 나의 고객들이 위대한 기업을 만드는데 일조했던, 인재의 창의력과 역량의 중요성을 '매칭'을 통해 입증해냈던 소중한 시간이었다고 감히 생각해본다.

이렇게 얻은 업의 의미는 자연스럽게 소명의식도 갖게 했다.

6년 전 'B'사의 인사팀 임원과 IT본부장님을 뵙고 채용 관련 미팅을 하게 되었다. 미팅이 끝날 때쯤 그분은 채용의 어려움을 다시금 강조하면서 갑자기 "헤드헌터들의 역량은 천차만별인 듯합니다. 역량이 검증된 헤드헌터분들이 활동을 하면 좋겠습니다." 라고 말했다. 사무실 복귀 후에도 그분의 말이 계속 되새김되었다. 이 일을 하는 사람으로서 고객사의 불만을 그냥 넘어가기가 어려웠다. 우리 회사의 헤드헌터들은 외부에서 어떤 평가를 받을까? 등을 생각하지 않을 수 없었다.

먼저 헤드헌터를 위한 직무교육과정을 찾아보았다. 20여년 전 내가 '헤드헌터'를 시작할 때와 마찬가지로 여전히 마땅한 교육과정이나 자료가 없었다. 직접 발로 뛰었다. 결국 용감하게 한국생산성본부KPC를 만나 '전문 헤드헌터 양성과정'을 제안했다. 3일 교육과정(20시간, 고용보험환급과정)으로 하되 다소 생소한 직무교육과정이기도 하고 처음 오픈하는 과정이기에 수강생 모집에 어려움이 있을 수 있으므로 최소 8명의 수강생이 신청해야 한다는 조건으로 협의를 마쳤다. 이후 나는 내부 임직원들 교육과정을 살펴보면서 헤드헌터가 갖춰야 하는 역량을 현장실무 중심으로 과정을 설계하고 교재를 만드는 데 집중했다.

이후의 과정도 순탄치는 않았다. 1회차 교육은 KPC의 홍보로 7명의 수강생을 모집했지만 교육 오픈일 이틀 전에 개인사정으로 모두 취소를 해서 오픈이 어렵다는 연락을 받았다. 그때 내 모니터에 붙어 있는 '일단 해봐!Done is better than Perfect!'라는 메모가 눈에 들어왔다. 나는 최소 인원인 8명의 교육비를 모두 지불하고 우리 회사의 헤드헌터들의 직무역량개발 과정으로 그 과정을 오픈했다. 이것을 시작으로 지금은 KPC 도움없이 우리 회사 블로그 '커리어 라이브'를 통해 전국에서 신청한 수강생을 대상으로 매년 10회씩 과정을 진행하고 있으며 꾸준하게 콘텐츠를 개발함으로써 민간자격증 과정으로 전환하였다. 일은 완성done을 해 보면, '해냈다!'라는 파워를 얻게 되고 새로운 일에 대한 '확신'과 '자신감'을 갖게 된다고 믿는다.

기업들은 HR의 핵심업무를 제외하고는 외부의 전문업체나 전문가들을 활용하고자 한다. 이 같은 니즈와 트렌드는 줄지 않고 오히려 점점 더 늘고 있다. 이에 나는 헤드헌팅 업무프로세스와 HR업무프로세스를 전문가들과 함께 세분화하고 전문화하는 작업을 꾸준히 하고 있다. 또한 평판조회전문가, 면접전문가, 커리어코치 등 인재채용과 관련된 전문가를 양성하기 위해 노력하고 있다. 체계적인 교육을 받은 검증된 전문가들이 인재추천에서부터 검증, 면접, 평가 및 정착 등에 이르기까지 인재채용에 관한 토탈 서비스를 기업의 니즈에 맞춰 제공하면서 비전을 실행하고 있다.

앞의 '헤드헌팅 Live 2.'에서 소개했던 10년 전에 읽었던《10년 후의 미래》라는 책에서 언급한 10년 후가 지금 2022년이다. '강산도 변한다.'는 10년이라는 시간이 길 수도 있지만, 한 분야에서 다양한 경험을 통해 검증된 전문가가 되기에는 결코 긴 시간이 아닐 수 있다.

앞으로의 10년을 계획해 본다. 무엇보다 헤드헌터로서 나의 재능과 역량을 더욱 개발함으로써 할 수 있는 한 기업과 인재가 더 큰 가치를 만들 수 있도록 도울 것이다. 20여 년 동안 국내외 기업의 탁월한 인재들로부터 관찰한 행동 특성을 기반으로 후보자들의 역량개발을 위한 커리어 코칭 서비스를 더 전문화할 계획이다. 자신의 꿈을 실현하기 위해 첫 직업을 찾는 사람들에게 디딤돌이 되고, 경력자들에게는 자신의 커리어를 스스로 진단하고 성공적으로 디자인할 수 있는 기회를 만들 것이다. 아울러 나와 같이 '헤드헌터'라는 업을 자신의 커리어로 준비하는 후배들에게는 경쟁력있는 헤드헌터로 성장할 수 있도록 교육과 코칭에도 힘쓸 계획이다. 좋은 순간이든 힘든 순간이든 내가 있어야 할 자리에서 '일과 사람을 연결하여 가치를 만들고 미래를 이어주는' 헤드헌터로 있을 것이다.

2006년 언젠가부터 막연히 계획하고 상상해 오던 일이다. 오랜 상상을 책으로 완성하는 데까지 얼마나 많은 분들의 큰 응원과 지원이 있었던가! 저의 꿈과 열정에 경청해 주시고, 이렇게 책으로 나올 수 있도록 끝까지 도와주신 모든 분에게 진심을 다해 깊은 감사의 마음을 전한다.

부록

평판조회 보고서

후보자명: 이노HR (02-000)

Reported by InnoHR컨설팅

1. 평판조회처

후보자로부터 전·현직 OOO에서 함께 근무 경력이 있는 동료/선/후배 연구원을 중심으로 O명과 InnoHR 내부 DB를 통해 다각도로 평판조회를 함.

2. 평판조회 상세 내역

2-1. 직무 역량

- 역량1
- 역량2

직무역량 보완점

2-2. 주요 프로젝트:

- 프로젝트 사례 1
- 프로젝트 사례 2

2.3 조직 적응력 및 친화력

- 리더십 역량1
- 리더십 역량2

조직의 적응력 및 친화력 보완점:

1.4 커뮤니케이션

- 소통역량 1

- 소통역량 2

소통역량 중 보완점:

2.4 인성 및 자기관리

- 자기관리1

- 자기관리2

- 인성 및 자기관리 보완점 :

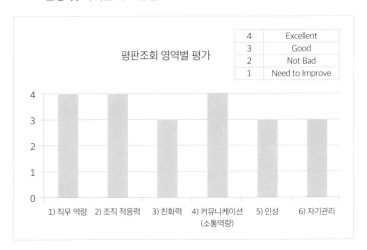

3. 후보자의 종합적인 평가 및 의견

후보자는 국내 최대 전자회사에서 10년 이상 근무하면서 카메라 기구설계 및 개발업무를 수행하면서 전문 카메라를 응용한 다양한 신제품의 기본적인 설계와 개발은 물론 부수적인 기능 설계와 개발, 양산 과정에 이르는 다양한 설계/개발 역량을 갖추었음.

··············· (중간 생략)

 이와 같이 후보자가 꾸준하고 일관되게 쌓아온 업무역량과, 동료들과 함께 서로 도우며 성과를 내고자 하는 협업정신을 지속적으로 유지한다면 향후 새로운 회사나 조직에서도 우수한 개발자로 성장하여 회사발전에 더욱 기여하는 인재가 될 것으로 기대됨.

 후보자는 성품이 착하고 순하며 다소 우유부단한 성격을 갖고 있어 주변 동료들의 도움을 거절하지 못하는 성격이라 도움을 받는 사람으로서는 고마워하고 좋은 인상을 가질 수 있으나 본인의 업무에 집중하는데 방해가 되지 않도록 주의가 필요함. ··············· (중간 생략)

 업무의 책임여하에 따라서는 본인의 주관과 의견도 주변에 명확하게 제시하거나 인식시키는 소신 있는 모습을 보여줄 수 있도록 자기개발이 필요하다고 생각됨.

헤드헌팅 서비스의 계약서상 **"갑"과 "을"의 책임과 의무에 대한 주요 내용**은 아래와 같다.

제1조 (당사자)

본 계약은 ㈜ **고객사명**(이하 "갑")와(과) ㈜**이노에이치알컨설팅**(이하 "을")간에 ….

제2조 (목적)

본 계약은 "을"이 "갑" 으로부터 '갑'의 HR(인재채용)컨설팅 의뢰(수주)를 받아 ….

제3조 (갑의 의무) →갑의 의무조항 명시

1. "갑"은 인재선정 및 인재채용을 위한 추천과정에 협조한다.

2. 채용 사실 여부 전달 및 공유

3. 수수료 지급 의무

제4조 (을의 의무) →을의 의무조항 명시

1. 법적인 책임과 의무

2. 보증내용, 보증기간

3. 보증기간내 퇴사시, 수수료 환급액 계산방법 등

제5조 (수수료 지불조건 및 수수료율) →수수료 지불조건, 수수료율, 지급일 명시

1. 수수료 지불조건 (성사조건부, 선수금 조건부)

2. 수수료율, 채용인재의 연봉기준의 수수료율(%)

3. 지급일, 채용인재 입사일 기준, 영업일 기준 5일이내 등

제6조 (비밀준수) →비밀보장 의무 명시

제7조 (계약기간) →계약이행 및 효력발생 기간 명시

본 계약서는 2부를 작성하여 각각 서명날인한 후 각자 1부씩 보관한다.

2022년 00월 00일

"갑" ㈜ **고객사명**   **대표이사**   **(인)**

"을" ㈜**이노에이치알컨설팅그룹 대표이사 심 숙 경 (인)**

[부록 3. 인재발굴을 위한 주요산업(업종) 및 Hitech 기술에 의한 신산업별 분류표]

주 업종	제품별, 시장별, 서비스별 세부업종					
금융	은행	보험	증권	자산운용	부동산	
반도체 전기전자	종합제조	설계	생산조립	장비	부품	원료/ 재료
자동차	완성차	엔진 /구동	전장류	일반부품 (내외장재)	소재/원료	
정유 /석유에너지	정유	석유	에너지	대체에너지		
건설	종합건설	건축공사	토목공사	산업, 환경 설비공사	엔지니어링	건축설계 /감리
조선/중공업	조선업	철강	기계			
IT/정보통신	통신기기	정보기기	방송기기	기간통신/ 별정통신	패키지s/w	컴퓨터/ 디지털 관련기기
제약/바이오 /의료	의약품 OTC/ETC	바이오/ 시밀러	원료의약품	병원용 의료기기	소형 의료기기	
항공/방산	항공완제기	부품	소재/원료	방산		
소비재	화장품	패션	의류	식음료	식자재	생활용품
유통/물류	대형유통	일반유통	온라인유통	운송	항공	해운
스마트 테크놀로지	사물인터넷 3D프린터	가상현실 로봇,	스마트 디바이스 인공지능 (AI)	스마트 그리드 스마트카	5G 통신장비	
소프트 파워	빅데이터	전자결제/ O2O	음악/영화/ 엔터테인 먼트	클라우드 컴퓨팅	게임/ 소프트웨어	
서비스	컨설팅	교육/출판	호텔/관광	문화/미디어	공공기관	복지/BPO

[부록 4. 기업정보 분석과 검증을 위한 사이트]

사이트	주요성격 및 특징	장점	단점
dart.fss.or.kr 다트전자공시	국내 상장된 기업의 재무제표, 분기보고서, 반기보고서, IR 개최 등 기업에 관한 이슈	기업의 분기별 변동현황 확인 가능 상장사의 임원정보 확인 가능	비상장사의 정보는 한정됨
kreditjob.com 크레딧잡	기업업력, 인원규모 등 기본정보 + 연봉수준기업문화에 대한 재직자/퇴직자의 의견	러프하게라도 연봉정보 등 확인할 수 있음	참고용정보 후보자에게 공유할 정도의 정확도는 아닌 것으로 판단됨
catch.co.kr 캐치	기업에 대한 4단계로 정보 제공 (주요정보, 주요뉴스, 재무제표 및 심층분석, 취업정보) 기업의 평판정보제공	기업정보를 후보자 측면에서 4단계별 섬세하게 잘 만들어짐	반복적인 정보가 많음
opensalary.com 오픈샐러리	기업정보 확인, 연봉정보, 평균연봉, 기업의 상세정보 (매출, 주요수상내역 등)	해당기업의 주요인물검색	
jobplanet.co.kr 잡플래닛	국내외 기업정보 및 평판중심의 정보제공	기업문화, 사내근무환경에 대한 정보 확인 가능	기업에 대한 부정적 비판적인 내용이 강함
crunchbase.com 크런치베이스	민간 및 상장 기업에 대한 비즈니스 정보 제공 플랫폼	투자를 받은 기업의 투자금액 및 자금 조달 현황에 대한 정보 확인	미국을 중심, 국내기업 일부포함됨 기업정보가 detail 하지 않음. (영어권정보)
thevc.kr 더브이씨	한국 스타트업 투자관련 정보제공 플랫폼	매일 업데이트되는 스타트업, VC 정보 확인	정보에 대한 신뢰성(100%) 여부 확인필요

직무기술서(JD)

채용포지션: 고객사명-핵심직무-직급

1. 고객사 주요현황

1. 고객사명 :   /www.

- 업종 및 주요사업 :
- 대표이사: 설립연도 :   매출액: 임직원 수 :
- 기타 :

2. 채용관련현황 (핵심직무- 직급)

주요직무

-
-
-
-

3. 자격요건

-
-
-
-

추가정보 급여 및 채용조건 정보 (기업 복리후생 및 추가정보)

-
-

서칭/업무진행계획

1. 서칭일정 :
2. 고객사 추천일정 :
3. 기타 정보 :

[부록 6. 후보자 발굴을 위한 국내외 인재정보사이트]

6-1. 국내 취업/후보자검색 포털사이트

NO	사이트	사이트명(한글)	주요성격 및 특징	비고
1	www.saramin.co.kr	사람인	**취업포털 대표 사이트.** 채용대행, 채용정보, 후보자DB서비스, 헤드헌팅 biz, 인적성검사, 교육사업.	
2	www.jobkorea.co.kr	잡코리아	**취업포털 대표 사이트** 채용대행, 채용정보, 후보자정보서비스, 인적성검사	
3	www.peoplenjob.com	피플앤잡	**외국계취업전문사이트** 외국계기업과 영어가능한 후보자DB가 다수 차지함.	
4	www.incruit.com	인크루트	**온라인 취업포털 사이트** 채용정보, 구직/이직 원하는 후보자 DB서비스	
5	www.scout.co.kr	스카우트	**온라인 취업포털 사이트** 채용정보, 구직/이직 원하는 후보자 DB서비스	
6	career.rememberapp.co.kr	리맴버커리어	**경력직 타겟 서칭 대표 사이트** **경력직 DB중심.** **구직/이직 경력직 db검색 및 채용제안**	

6-2. 국내 업종별/직군별 취업사이트

NO	사이트	사이트명(한글)	주요성격 및 특징	비고
1	www.gamejob.co.kr	게임잡	**게임분야 취업 전문 사이트** 게임관련, 애니메이션, 프로그래밍, 그래픽, 구인/구직 정보 제공	
2	www.accountingpeople.co.kr	어카운팅피플	**재경분야 전문 취업사이트** 회계, 재무, 세무, 경리 분야에 특화된 구인/구직 정보 제공	
3	www.kicpa.or.kr	KICPA	**국내 공인회계사 전문사이트** 공인회계사 전용정보 및 구인/구직 사이트	
4	www.rndjob.or.kr	알앤디	**연구인력전문사이트** 국내 업종별 R&D정보 및 구인/구직사이트	
5	www.chinatong.net	차이나통	**중국취업 전문사이트** **국내 최다 중국전문 인재DB 보유**	
6	www.kjobca.co.kr	한국취업컨설턴트협회	**업종별/직군별 취업정보 사이트** 취업관련 교육/컨설팅 사이트 및 국내 업종별 직군별 취업정보에 대한 사이트별 정보를 연결해 주는 플랫폼	

6-3. 국내 IT 전문인력 및 전문가 매칭플랫폼

NO	사이트	사이트명(한글)	주요성격 및 특징	비고
1	www.wanted.co.kr	원티드	**IT개발인력 매칭 중심플랫폼에서 전분야 매칭 플랫폼** 기업과 후보자 매칭시 지원금 제공하는 플랫폼	
2	www.wishket.com	위시켓	**IT개발자를 매칭해 주는 아웃소싱 플랫폼**	
3	www.elancer.co.kr	이랜서	IT개발자, 프리랜서 매칭플랫폼 IT개발자, 디자이너, 퍼블리셔, 웹개발 등 연결	
4	www.ywm.kr	양더블유엠	biz전문가 연결 플랫폼, 경영지도사 중심의 경영컨설턴트, 자문역	
5	www.jaenung.net	재능	**전문가의 재능매칭 플랫폼** 웹디자인, 번역, 자료조사, 등 단순 재능을 가진 분들 써칭 사이트	
6	www.kmong.com	크몽	**전문가의 재능매칭 플랫폼**	
7	www.talentbank.co.kr	탤런트뱅크	**비즈니스전문가와 기업매칭 플랫폼**	

6-4. 해외 취업/후보자검색 포털사이트

NO	사이트	사이트명(한글)	주요성격 및 특징	비고
1	www.linkedin.com	링크드인	**비즈니스용 네트워킹 사이트** 최대규모의 구인, 구직, 전문가 DB를 볼수 있다. Recruiter-유료정보로 구인등록,후보자 DB를 검색할 수 있음.	
2	www.indeed.om	인디드	**국내외 방대한 취업/구직 정보사이트** 나라별 구인/구직정보, 등록된 후보자 이력서 DB 검색가능. 간단한 등록 및 심플한 검색 엔진으로 빠른 검색가능.	
3	www.glassdoor.com	글라스도어	**전세계 다양한 기업정보 및 채용정보 사이트** 채용정보, 임직원 평균 셀러리, 인터뷰프로세스 등 detail한 정보 제공. 2009년도에 설립 전세계 가장 접속 (traffic)량이 많은 사이트.	
4	www.monster.com	몬스터	**미국중심의 잡포털사이트** 주요도시별 채용정보 및 구인/구직 정보제공	
5	www.hired.com	하이어드	**IT개발 엔지니어 중심의 잡사이트.** 젊은 IT개발 엔지니어 후보자 중심. 우수한 후보자를 찾는 경쟁사이트, 후보자가 기업을 선택하면 기업은 후보자에게 사이닝 보너스를 제공	
6	www.startuphire.com	스타트업 하이어	**스타트업 기업의 조직 인력 셋업 중심의 잡사이트** 스타트업을 원하는 우수한 인력에게는 기업의 스타트업기업의 아이템을 연결 해주는 곳	
7	www.themuse.com	더뮤즈	**채용정보, 기업정보, 기업문화를 제공,** 취업이나 커리어 멘토 매칭	

6-5. 해외 전문가 연결 platform

NO	사이트	사이트명(한글)	주요성격 및 특징	비고
1	www.colemanrg.com	콜맨	**전문가 연결 및 유선중심의 자문서비스** 사모펀드사, 기업들의 신규사업이나 업종별 직군별 전문가의 단기 자문이나 컨설팅 용역 서비스	
2	www.glg.it	지엘지	**전문가 연결 및 유선중심의 자문서비스**	
3	www.10eqs.com		기업과 전문가의 온디맨드 방식의 전문가매칭서비스	
4	solved.fi	솔브드	기업과 전문가의 온디맨드방식, case별, 프로젝트별 전문가 연결	

Interview Check Sheet

평가항목	Check list			
1. 개인정보 및 인터뷰 매너	1-1. 이름 및 성별			
	1-2. 연봉수준 및 희망연봉수준			
	1-3. 질의문답 매너			
2. 학력사항 및 자격증 우대사항	2-1. 학부 및 전공 선호도			
	2-2. 자격증우대사항			
3. 주요경력 및 직무역량	3-1. 주요직무에 핵심 역량			
	3-2. 주요 프로젝트, 태스크, etc			
	3-3. 주요성과			
	3-4. 문제해결능력			
	3-5. 위기관리능력			
4. 조직내에서의 성격	4-1. 개인적인 인성 및 성향			
	4-2. 개인적인 업무스타일			
	4-3. 타부서와의 협업관계			
	4-4. 융통성, 친화력			
	4-5. 리더십평가			
	4-6. 커뮤니케이션 및 소통 skill			
5. 퇴사사유	5-1. 퇴사사유			
6. 비전 및 입사포부	6-1. 개인의 비전 및 목표			
	6-2. 기업정보 및 분석능력			
	6-3. 입사에 대한 의지			
Overall ranking				
Recommend points (추천이유)	- -			

이 력 서

개인정보

지원Position: 회사명-핵심직무-직급

성   명: 이노HR

생년월일:

주   소: 서울시 성수동 성수SKV1센터 1동

연   봉: 현재(최종)연봉: / 희망연봉:

사진

학력사항

| 2001.03-2006.02 | 이노HR대학교 | 경영학과 학사졸업 |
| 1998.03-2001.02 | 이노고등학교 | 졸업 |

경력사항 (총 경력: 15년 2개월)

| 2021.01 ~ 현재(2개월) | ㈜이노에이치알컨설팅 | HR사업본부 | 차장(팀장) |
| 2005.12 ~ 2020.12(15년) | ㈜이노HR | HR컨설팅사업팀 | 과장 |

직무능력 및 핵심 역량

- 국내외 HR사업 동종업계 및 경쟁사 현황분석
- 인재발굴: 업종별 고객사별 핵심인재 발굴 핵심 역량 검증 탁월
- 인재검증: 후보자 평판조회를 통한 인재검증 역량 우수
- 인재평가: 역량면접을 통한 후보자의 직무역량 및 리더십 역량 평가
- 대내외적인 취업특강, 다수 컨설팅을 통한 네트워크 우수

자격증 및 외국어

- KICPA (2010,금융감독원)
- 역량면접전문가(2020, 민간자격증 No.9898989898, 기관명)
- 영어 : TOEIC (880점, 2019년), Biz영어가능 수준

상세 경력사항 (총 경력: 15년 2개월)

2021.01 ~ 현재   ㈜이노에이치알컨설팅HR사업본부/헤드헌팅 차장(팀장)

회사정보:경영컨설팅,헤드헌팅서비스   **연 매출:** 1,00억원   **인원:** 50명

[주요업무]

1. 인사/조직 컨설팅

　- 역량설계 및 역량면접 컨설팅,

　- 사내 전문 면접관 역량개발

2. 헤드헌팅 서비스

　- 업종별 직무(군)별 실무자~임원급 인재발굴 및 매칭

　- 국내외 스타트업 조직 셋업 및 임직원 정착을 위한 코칭

[주요성과]

　-업종별 인재매칭 년 20건이상 성공

　-A사 외 다수의 기업의 인사컨설팅

[이직희망 사유] 현재 회사에서 커리어개발을 위해 이직을 계획 중입니다.

2005. 12 ~ 2020.12   ㈜이노HR컨설팅 HR컨설팅사업부   **과장**

회사정보:헤드헌팅,교육사업   **매출:** 700억원   **인원:**200명

[주요업무]

1. 헤드헌팅 서비스

　- 업종별 직무(군)별 실무자~임원급 인재발굴 및 매칭

　- 기업별 직무기술서(JD)작성 및 핵심인재 발굴

　- 국내외 핵심인재 매칭

　- 커리어개발,역량개발을 위한 코칭

2. 인재추천전문가/역량면접전문가 과정운영

　- 년간 과정운영 3회, 수강생 년 100명 진행

　- 과정개발 및 콘텐츠개발, 교육과정 검수

[주요성과]

- 업종별 인재매칭 년 50건이상 성공

신규 민간자격증 교육사업 론칭 성공

[이직희망 사유] 커리어 개발을 위해 이직

업무관련 교육사항 및 기타 자격사항

• 교육사항 및 일반 자격사항

- 2008-05~2008.10:면접관 교육, 커리어 코칭 (이노HR)

- 2010.01~2010.10: 온라인 MBA과정(KPC)

- 2003.02: 1종 보통 운전면허

- 2004.12: 컴퓨터활용능력 1급

고용 및 계약조건

본 계약서는 ㈜이노HR컨설팅에서 전문 헤드헌터 (직급: 이사) 포지션으로 OOO(후보자명)님을 아래와 같은 조건으로 채용함을 확약합니다.

1. 직급(직위): 이사(임원급)

2. 직책: OO

3. 처우조건

    3-1. 기본연봉:

    3-2. Signing Bonus: 0,000만(원) (입사 후 1개월 이내 현금 지급….)

    3-3. 2022년 연봉협의 시: 기본연봉 0억(원)부터 조정 ….

    3-4. Stock option: 내사 규정의 공헌도에 따라 주식 수 부여 예정.

4. 입사예정일: 2021 년 0월 0일 (or 0월 0일)

㈜이노HR컨설팅은 OOO(님)와 함께 할 수 있게 됨을 (영광)감사하게 생각합니다.

해당 고용 및 계약조건 관련 추가적인 문의사항이 있으시면 언제든지 ㈜이노HR컨설팅의 지원팀 대표번호(0000-0000)로 연락주시기 바랍니다.

2021년 0월 0일

(대표이사)   (후보자명)

CEO, (회사명)   주민번호: (123456-1234***)

미래를 잇다: 헤드헌팅 라이브

초판 1쇄 발행	2022년 04월 22일
초판 2쇄 발행	2023년 07월 11일

지은이	심숙경
펴낸이	최익성

책임편집	정대망
편 집	이유림, 김민숙
마케팅 총괄	임동건
마케팅	임주성, 홍국주, 김아름, 신현아, 김다혜, 이병철
마케팅 지원	안보라, 김미나
경영지원	임정혁, 이순미
펴낸곳	플랜비디자인
디자인	롬디

출판등록	제2016-000001호
주 소	경기도 화성시 첨단산업1로 27 동탄IX타워 A동 3210호
전 화	031-8050-0508
팩 스	02-2179-8994
이메일	planbdesigncompany@gmail.com

ISBN	979-11-6832-013-0 03320